副业赚钱之道

田连杰 ◎ 编著

民主与建设出版社
·北京·

© 民主与建设出版社，2023

图书在版编目（CIP）数据

副业赚钱之道 / 田连杰编著 .-- 北京：民主与建设出版社，2023.8
ISBN 978-7-5139-4357-4

Ⅰ. ①副… Ⅱ. ①田… Ⅲ. ①副业 - 基本知识 Ⅳ. ① F307.5

中国国家版本馆 CIP 数据核字（2023）第 171516 号

副业赚钱之道
FUYE ZHUANQIAN ZHI DAO

编　　著	田连杰
责任编辑	刘树民
封面设计	末末美书
出版发行	民主与建设出版社有限责任公司
电　　话	（010）59417747　59419778
社　　址	北京市海淀区西三环中路 10 号望海楼 E 座 7 层
邮　　编	100142
印　　刷	三河市天润建兴印务有限公司
版　　次	2023 年 8 月第 1 版
印　　次	2023 年 10 月第 1 次印刷
开　　本	880 毫米 ×1230 毫米　1/32
印　　张	7
字　　数	116 千字
书　　号	ISBN 978-7-5139-4357-4
定　　价	42.00 元

注：如有印、装质量问题，请与出版社联系。

前 言

在当今职场，主业＋副业已经成为一种趋势，人们开始"转型""跨界"，寻求未来的更多出路。不过，这个出路不是单一的某个职业或某种身份，也不是从一家公司跳槽到另一家公司、从一个职业"跨界"到另一个职业，而是在主业的基础上发展出一种或几种副业，成为真正的"两栖青年"或"斜杠青年"。

从只靠主业获得收入到以发展副业的形式增加额外收入，提升个人价值，不只是人们行为模式的转变，更是认知的提升和思维的转变。若是一个人有了"我的主业已经发展得很好了，没有必要做什么副业""身边的人都开始搞副业，我也要跟上潮流""发展副业，就可以改变主业困境"等错误的认知和思维，他是很难获得成功的。

可以说，认知与思维属于意识或者思想层面，虽然无法给我们带来直接收益，但是却可以影响我们的事业能够走多远，决定我们人生的上限。因此，想要利用副业来谋取更大的发展空间，我们必须突破认知和思维的局限，重新理解副业赚钱之道。

当然，想要发展副业只靠提升认知和改变思维是远远不够的。我们要先了解自己的优势和劣势，分析自身的能力、拥有的资源，根据自身实际情况选择适合自己的副业项目和副业模式；要制定清晰、科学、合理的副业目标，规划美好的副业蓝图，为自己的行动提供方向与参考；要定期或在遇到瓶颈、困难时进行复盘，思考副业经营中存在的问题，总结更多的经验与教训，进而促进副业稳健且长久地发展。

我们还需要明白，副业项目五花八门、参差不齐，甚至隐藏着巨大的风险和陷阱。在选择副业项目、经营副业的过程中，我们要谨慎小心，提升风险意识和法治观念，不可盲目、浮躁、贪心、妄为。否则，轻则副业失败，重则触犯法律、人财两空。

现在，发展副业已经成为很多年轻人的选择。如果你也想要发展副业，本书会告诉你为什么要发展副业，什么时候适合发展副业，如何选择适合自己的副业项目，如何制定副业目标，如何规避副业陷阱等。同时，它提供了大量案例以及众多副业经营技巧与方案，希望你能从中获得启示。

虽然本书所列方法与技巧无法做到让你百分之百成功，但是它有助于你深入了解副业赚钱之道，让你能优化和调整自己的副业发展策略，进而提升副业成功率。

目　录

第一章　认知突围，重新理解副业赚钱之道

1. 激活副业，你和我的又一次赚钱机会　\\ 002
2. 主业做不好，是否要发展副业　\\ 006
3. 突破"靠时间赚钱"的思维误区　\\ 010
4. 投资型思维与消费型思维　\\ 014
5. 复利思维，是价值利益最大化的基础　\\ 018
6. 发展副业，更要发展"复业"　\\ 022
7. 要有副业思维，更要有副业能力　\\ 026

第二章　分析自我，挖掘适合自己的副业项目

1. 分析职场现状，找准经营副业的时机　\\ 032
2. 给副业选项拍一张快照　\\ 036
3. 给自己"定价"，不高估也不低估　\\ 039
4. 你的哪些资源可变现　\\ 043
5. 兴趣变现：玩也是一种生产力　\\ 047

6. 技能＋专业，真的很值钱 \\ 051

7. 身边的需求，就是你的副业选项 \\ 055

8. 树立一个榜样，但不可复制榜样 \\ 059

第三章　筛选副业，选择好的赚钱模式

1. 自媒体运营，IP 是第一位 \\ 065

2. 直播副业，搭上粉丝经济的快车 \\ 069

3. 把写作变副业，就是把爱好变为财富 \\ 074

4. 声音变现，新形式产生新红利 \\ 078

5. 社交电商，靠的就是"圈子" \\ 082

6. 在线教育，持续带来被动收入 \\ 086

7. 外包副业，利用强大的专业技能制胜 \\ 090

8. 小地摊也有大商机 \\ 094

第四章　拟订计划，规划自己的副业蓝图

1. 科学地定义自己的副业目标 \\ 100

2. 做好分析和调研，让副业目标落地 \\ 104

3. 明确副业经营的几个阶段 \\ 108

4. 分析个人优势，也要分析环境优势 \\ 113

5. 目标倒推法：副业成功的利器 \\ 117

6. 短期 or 长期,哪种是你的选择 \\ 121

7. 主业与副业,找到平衡点是关键 \\ 125

第五章　持续行动,副业赚钱的实战指南

1. 谋而后动,重点在于"动" \\ 130

2. 在经营副业的道路上保持勇气 \\ 134

3. 抓住机会,便是抓住财富 \\ 138

4. 盲目乐观,便会走错了路 \\ 142

5. 打定了主意,就需要坚持付出 \\ 146

6. 合伙机制,寻找默契、互补的合作伙伴 \\ 149

7. 管理好时间,引领自己走向自律 \\ 153

8. 不断前行,向更高的平台迈进 \\ 157

第六章　学会复盘,提升副业的成功概率

1. 做好了计划,也要坚持复盘 \\ 162

2. 复盘不可流于形式 \\ 165

3. 遇到瓶颈,最该做的是打破自我怀疑 \\ 169

4. 放长线,才能持续地赚到钱 \\ 173

5. "斜杠青年"该怎么做 \\ 177

6. 校正方向,不适合的就干脆放弃 \\ 181

第七章 小心掉入副业的"深坑陷阱"

1. 别人能赚到钱,你未必也能赚到钱 \\ 186

2. 天上掉馅饼?小心"网赚"变"网赔" \\ 190

3. 透支人脉,会让副业变"负业" \\ 194

4. "副业焦虑"心态不可有 \\ 198

5. 你不必用健康和生活换收入 \\ 202

6. 这些兼职不能碰,否则后果很严重 \\ 206

7. "再肥的差"也需要规避法律风险 \\ 210

第一章
认知突围,重新理解副业赚钱之道

如果打算发展副业,我们必须突破认知局限,正确理解和认识副业,培养正确的副业思维。

只有提升个人的认知能力,摆脱错误的思维模式,我们才不会只把副业当作业余时间的一份兼职,而是将其当成追求自我价值、构建多元化财富模式的一种渠道。

1. 激活副业，你和我的又一次赚钱机会

职场人常说："八小时内求生存，八小时外谋发展。"对于绝大多数的上班族来说，主业收入只能维持基本的生活所需，就算能拿到一两万元的高薪，想要靠工资发家致富、实现财富自由也不是那么简单的。

因此，发展副业成为不少上班族的选择。他们知道，在主业之外发展一种或多种副业，不仅可以增加自己或家庭的收入，还可以为自己赢得更多的可能性——不仅仅是赚钱的机会，更是开启新人生的机会。

有一位副业经营者原本是一家软件公司的研发经理，管理着一个有 20 人的团队，可以说是小有成绩。可是，他在工作 11 年后遇到了职场困境——他负责的产品在市场上反馈并不如以前，导致他的职业发展遇到了瓶颈，收入很难再有提

◆ 第一章 认知突围，重新理解副业赚钱之道

高。面对生活开支持续增加、个人职业发展遇阻的现状，他开始寻求新的可能性。

由于个人技能出众，对软件开发技术有很深的研究，他就想是否可以利用自己的优势，在专业平台上介绍软件开发技术与技巧、运用经验，实现知识付费呢？

经过思考，他注册了一个专门为 IT 人士以及 IT 企业提供信息传播与服务的平台，开始撰写关于 Qt 应用开发经验和感受的博客。没想到，他的文章很受读者欢迎，不少人留言说他的文章具有专业价值，对自己有很大的启示和帮助。这增强了他的信心，他就将写软件技术博客当作主业之外的副业来发展。

后来，Qt 软件实现了在智能手机上运行，他又写了关于在 Android 平台上如何使用 Qt 的文章。没想到，这篇文章不仅得到了广大读者的关注，就连出版社的编辑都联系了他，说可以为他出版相关书籍。于是，在接下来的很长一段时间，他一边上班，一边利用业余时间写作，最终完成两本技术类图书的创作，并顺利出版。

借助这两本书，他不仅获得了一笔出版版税，还在软件技术开发圈中声名远扬，获得广泛赞誉。更重要的是，这让他认识到自己不仅能做好本职工作，还可以发展好副业，获

得了成就感和满足感。

之后,他正式开启了发展副业之路:录制写书的视频课程,在技术平台上销售;学习新技术,并将其使用技巧录制成视频课程上传至各平台上销售;在博客上发表职场发展和成长类文章,为杂志写专栏;为一些职场人提供职业咨询服务,利用付费平台分享知识,与咨询者在知识问答板块互动;在知乎上分享技术人员的职业规划,做"微直播"课程……

这位副业经营者就是安晓辉,现在是一名职业规划师和畅销书作者。通过激活和发展副业,他不仅获得了副业赚钱的机会,也实现了人生价值的升华,赢得了不一样的精彩。

主业+副业已经成为一种流行趋势,所以,当主业不能满足你的需求时,无论是因为经济需求还是自我价值提升的需要,你不妨利用业余时间寻找主业之外的机会,或许你会发现有很多的可能性。

当然,发展副业并非一件容易的事情。我们需要寻找适合自己的副业项目,选择好的副业模式,制定科学合理的目标,然后按照规划持续、积极地行动下去。当我们掌握了副业经营的秘诀、积累了相关专业的经验时,就可以将兴趣、专业、经验等发展为副业。

副业赚钱攻略：

发展副业是一项不错的选择，那么我们应该如何发展副业呢？选择副业项目时，需要注意哪些事项呢？

第一，进行自我分析，从熟悉的领域选择可以做的副业项目。副业不一定是自己从事的领域，但一定是自己熟悉、擅长和感兴趣的领域，否则之后的道路便会寸步难行。

第二，洞察用户需求，明确目标客户。不论是做外卖跑腿、摆地摊，还是做自媒体、社交电商，我们在行动之前必须研究客户的需求，明确它们是短暂的还是长期的，是必需的还是可有可无的。洞察用户的需求之后，再确定目标客户群体，我们才能获得更多的副业收益。

第三，一定要有赚钱意识。想要发展副业的人一定要有赚钱意识，不管项目大小、金额多少，先赚了钱再说。如果不能赚钱，且投入和成本不断增加，便会打消我们的积极性，让副业无法持续下去。

知识点：

> 激活副业，需要思想上的转变，更需要行动上的突破。不满足于现状，积极行动，才能再次获得赚钱的机会。

2. 主业做不好，是否要发展副业

有些人对主业的收入不满意，就想办法去发展副业。可是，很多人抱有这样的想法："主业做不好，才需要去发展副业。可是主业做得好，收入可观、有发展，我为什么要浪费时间和精力去发展副业呢？"

事实上，这种想法是有些偏差的。发展副业不仅仅是为了增加收入，它更是经验的积累、能力的提升，从而实现自我价值的更大化。

第一章 认知突围，重新理解副业赚钱之道

副业是主业的补充，主业做得好也可以发展副业，能拓宽发展空间，谋求更多的可能性。

前几年火爆网络的作家范雨素，原本是一名乡村小学的民办教师，因为无法忍受过着坐井观天的枯燥日子，便来到北京做起育儿嫂。她喜欢写作，于是和一些有文学兴趣的打工者组成文学小组，在专业教师的指导下开始写作。虽然工作比较辛苦，但她认为人活着不能只是吃饱饭而已，还应当要有一定的精神追求。所以，她在空闲时间坚持写作，记录自己的生活，讲述两个家庭的真实故事。

几年下来，范雨素写了将近10万字，还在网络上发表了自传体小说《我是范雨素》。她的文字被读者喜爱，有出版社也表示愿意出版她的小说。

之后，范雨素一边做家政工作养活自己和女儿，一边挤出时间坚持看书、写作，于2023年1月出版了第一部自传体长篇小说《久别重逢》。未来，范雨素的写作之路仍将继续，为她质朴的生活增添一抹光亮。

对于范雨素来说，写作不仅仅是增加收入的副业，更是人生的延伸与突破。如果她没有从事写作，抱着"我只要好好干活便有丰厚收入，能养活自己和女儿"的思想，那么她

只能是一名育儿嫂,人生便缺少了很多精彩与可能性。

对于部分人来说,主业发展得不顺利,或者收入微薄,或者晋升艰难,就应该开始思考如何发展副业,为自己寻找另一条出路。如果不想办法发展副业,当主业收入不足以满足生活所需时,或者主业做不下去陷入困境时,你的结局就会不可想象。

当然,还有一部分人的主业可以满足自己的生存需求,能够给他们带来稳定的收入,可以作为人生目标长期发展并为此付出更多的努力。在这种情况下,你也需要发展副业,因为你需要寻求发展与突破,实现财富自由。

正因为这样,很多在主业领域做得很好的人会利用空闲时间发展副业,挑战新的领域或项目。科学家爱因斯坦不就是如此吗?他原本有一份发展前景很不错的工作,在专利局负责专利申请检查。然而,正是因为不满足,他利用业余时间学习和研究物理,最后成为伟大的物理学家。

我们要抛弃"主业做不好,才需要发展副业;主业做得好,没必要发展副业"的想法,树立正确的副业思维,并利用业余时间积极探索副业的发展模式,给自己的人生带来更多的可能性。

副业赚钱攻略：

作为普通的职场人士，我们需要如何发展自己的副业呢？

第一，要明白发展副业与好好工作并不冲突。 在做好本职工作的前提下，应该思考如何做好副业，而不是为了发展副业而发展副业，或者为了发展副业而耽误了主业发展。

第二，在做副业时，关键是明确自己的优势，制定清晰的目标。 同时，专业地做好每件事，避免主业没做好便匆忙地接一堆副业的活；凸显做每件事的效果，扩大它的影响力，而不是只关注做了多少事。

第三，明确主业的工作状态是忙还是闲。 如果主业不忙，业余时间比较多，你可以考虑发展副业；如果主业工作已经让我们忙得焦头烂额，那么就不要着急发展副业。

当然，如果忙碌是因为个人工作方法的问题，就需要改进工作方法，提高工作效率；如果是公司管理的问题——总是无故让员工加班，那么就要考虑换个工作环境了。

第四，选择副业的标准，应该是门槛不太高、能赚钱、可长远发展。 如果发展副业不能赚钱，那你所做的事情最多算是满足业余爱好；选择的副业项目要有长期市场，能让我

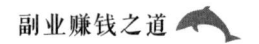

们持续地做下去；副业的门槛不能太高，经过研究是能掌控的，否则会出现浪费时间和精力却无法成功的情况。

知识点：

> 副业不仅是主业的补充，更是我们人生的延伸与突破。

3. 突破"靠时间赚钱"的思维误区

什么是靠时间赚钱？简单来说，就是只有工作时才有收入，一旦工作停滞，收入也停止了。

要知道，人的时间是有限的，每天主业的工作时间只有8小时而已。即便发展副业，利用空闲时间做其他事情也不过3～4个小时。何况，我们不能将全部时间用在工作上，还需要照顾父母、妻子、孩子，也需要休息、运动、社交等。

第一章 认知突围，重新理解副业赚钱之道

因此，不论是做主业还是发展副业，不能只靠时间来换钱，而是要学会用思想、价值、人脉等换钱。虽然时间可以换到钱，但时间又是沉没成本，如果我们不能让时间增值发挥最大效用，就只能停留在穷人思维上，无法实现财富自由。

有一个穷人经常抱怨自己一无所有，富人却能不劳而获。于是，镇长暂时封存了他和富人的全部家产，并对他们说："你们现在都一无所有了，我给你们一人一座矿山，一年后看谁更有钱。"

穷人很高兴，带上工具就上山挖矿去了。因为穷人常年工作，身体健壮且能吃苦耐劳，第一天便挖了很多矿，到镇上卖了不少钱。不到一年时间，穷人的生活得到大幅改善，开始买房买地，过上富裕惬意的生活。

有一天，穷人去看富人发生了怎样的变化，却发现富人已经拥有了一家大公司，财富比之前还要多得多。

富人虽然习惯了养尊处优，但是他有着不一样的思维与眼界。他只是亲自上山挖了几天矿，换成钱财后便开始招收工人为自己工作。他雇用专业人员勘探矿脉的含量与品质，然后又找到矿石冶炼公司谈判，与其合作成立新公司，大规模开采矿石。在这个过程中，他遇到了不少困难，但是他每

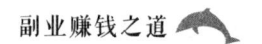

天都在学习新知识点，扩展矿业、制造业等领域的人脉，想办法筹集发展资金。正因如此，他才能在短时间内获得了穷人无法想象的财富，让穷人望尘莫及。

为什么富人和穷人的起点一样、时间相同，境遇却大大不同呢？因为穷人是用自己的双手在挖矿，是用时间换钱，只能付出更多的努力与汗水；而富人却在用思维、人脉来换钱，寻求各种延伸时间价值的可能性，包括雇用工人为自己工作、雇用专业人员勘探矿山的价值、与冶炼厂合作，实现优势互补，最终获得了最大的收益。

可以说，如果只是靠时间来换钱，即便每天辛辛苦苦、按部就班，恐怕也只是落个稳定而已，没有太大的突破空间。当你抛弃了"靠时间赚钱"的思维，具有富人一样的思维，让自己的时间、思想以及资源都发挥最大的价值，然后用价值去换钱，结果就不一样了。

副业赚钱攻略：

对于副业经营者来说，如何才能突破"靠时间赚钱"的思维局限，实现财富自由呢？

第一章 认知突围，重新理解副业赚钱之道

第一，建立时间价值的观念，避免做那些"只靠时间赚钱"或者"时间花得多，收益获得少"的事情。要记住，我们不能把时间浪费在无意义的事情上，当发现某件事产生不了很大价值的时候就需要立即放弃，而不是犹豫不决。

第二，打造自己的被动收入。什么是被动收入？就是投资的、有升值空间的收入。比如，投资创业公司，每年都能拿到分红；出版一本书，带来持续的版权收入；拍摄短视频，由流量、广告产生的收入等。这些被动收入，不需要你再付出很多劳动就能获得，无疑增加了所付出时间的价值。

事实上，这便是复制时间，利用零成本复制的产品来赚钱。就像你设计了 PPT 模板、写专业文章、录制小说音频、给视频配音等，再将其发布到网络上供需求人付费下载。这样一来，我们只需付出一次制作时间就可以获得持续收入。

第三，找到杠杆，利用他人的时间、资本、人脉来赚钱。就像案例中的富人一样，他先用金钱来购买他人的时间，然后让他人为自己赚钱，或者撬动银行、资本等金融或非金融机构为自己赚钱。

所以，只要我们有眼光、有思想，找到有效的杠杆，便可让自己的财富放大几倍。

知识点：

> 靠时间换钱，是穷人的思维；靠想法和价值换钱，是富人的思维。

4. 投资型思维与消费型思维

有的人有副业思维，能够积极选择在主业之外发展一种或多种副业，并且做得有声有色，实现了自我价值提升和财富增加。相反，有的人缺乏副业思维，即便收入不高、经济压力较大，也从未思考过发展副业，甚至认为发展副业便是不安分，冒险发展副业导致赔钱了更是得不偿失。

其实，之所以出现以上差异，是因为前者具有投资型思维，后者只是具有消费型思维。与消费型思维相比，具有投资型思维的人更倾向于发展副业，更容易利用副业赚到钱。

表妹琪琪是一家房地产公司的会计，月收入 5000 元左右，在她所居住的城市还算是比较高的。但是琪琪一直处于缺钱状态，时不时就要求父母救济一下自己。

琪琪为什么会这样呢？因为琪琪是一个喜欢消费、享受消费的人，每月的工资不是买买买就是约朋友吃饭、旅行，哪怕某件物品超出购买能力，她也会毫不犹豫地拿出信用卡先买了再说。

说实话，琪琪的生活质量不错，但总是处于缺钱的状态。

琪琪的一位同事芳芳也存在缺钱的苦恼问题，只不过，这些苦恼是因为她要养孩子、还房贷、支付日常生活开支。

芳芳不像琪琪那样喜欢买买买，平时精打细算的，就连买一件几百元的羽绒服都会犹豫好久。每月工资发下来之后，她便盘算着有哪些必需支出，大概需要多少钱，可是算来算去却总是不够花。

从本质上来说，琪琪和芳芳都属于消费型思维的人，只看重消费，从来没有想过投资（包括做一项副业或基金理财等）这件事，也没有想过如何改变现状并为自己创造更多的收入。具有投资型思维的人则不同，他们懂得消费只是第一步，接下来就是进行投资，给自己带来更多的回报。

如果琪琪具有投资型思维，便不会一味地买买买，而是会学会理财投资，合理利用手里的金钱获得更多的财富。同样，芳芳若是有投资型思维，便不会过于精打细算把生活过得捉襟见肘，应该或是寻找合适的副业项目，或通过基金、债券等理财工具实现综合收入的增加。

当然，具有投资型思维不仅应体现在经济投资上，还应该有知识上、个人价值上的投资。比如，你购买了减肥课程以后，不能认为跟着教师认真学习和锻炼就可以了，还要制订适合自己的锻炼计划。在一个阶段课程后，找到自己存在的问题，根据实际情况调整锻炼节奏与方式，同时改善自己的作息、饮食习惯、工作状态，不断提升自己。这才是投资型思维的核心。

副业赚钱攻略：

想要发展副业的年轻人，应该如何培养自己的投资型思维呢？

第一，打破认知，更新观念。认知和观念决定思维，思维方式决定行为方式。想要培养投资型思维，我们必须打破固有认知。比如，想要培养经济上的投资思维，就需要打破"钱够花了，没必要理财投资""生活需要安稳，不能过于冒险瞎干"的认知与观念，不断突破与改变自己，树立财富增值心态。

第二，确定投资领域，明确投资目的。 此时，我们需要确定自己适合的、喜欢的投资领域，明确自己为什么要投资——是为了赚钱，还是要提升自我价值？

第三，努力达到投资目标。 与做其他事情一样，我们要树立一个目标才不至于迷失方向，并为实现目标不断努力。达到目标之后，我们的内心得到满足，自然而然有利于投资型思维的形成。

知识点：

> 思维即无形财富。培养投资型思维，无论是经济上的还是个人价值上的，都能对副业经营有所帮助。

5. 复利思维，是价值利益最大化的基础

复利，是一种计算利息的方法，就是我们常说的"利滚利"，其计算公式为 $P(1+r)n$。

比如，你在银行存款100万元，年利率为5%，那么按照复利的计算方法，第一年存款变为105万元，第二年就是110.25万元，第三年是115.76万元……随着时间的增加，存款呈现几何倍增，让你的财富实现爆炸式增长。

复利思维，就是利用复利的特性让我们的财富呈现指数增长，而不是简单的线性增长。在发展副业时，我们如能培养复利思维，选择正确的目标，让 r 值为正，那么经过复利积累便可迎来一个奇迹。

我认识一个外卖小哥夏松，每天都是风里来雨里去，有时甚至连吃口饭的时间都没有。可是，他却发展了一份副

业——写作，随时将自己写的文章发表在贴吧、知乎、简书等平台上。因为文字质朴、角度独特，他的文章获得了很多点击量，拥有了一批精准且稳定的粉丝。

刚开始的时候，我抱有这样的疑问："一个外卖小哥，怎么有时间写作呢？怎么能利用写作来增加收入呢？"了解后发现，夏松有大学文凭，也有过稳定的工作与收入，但是两年前因家人生病需要照顾且费用支出较多，他便选择了工作时间自由、有多付出就有多回报的外卖员工作。

目前，家人病情好转，夏松也没有放弃送外卖这份工作，只是不像之前那样辛苦了。每天，他利用等餐、送餐的碎片化时间听书、写随笔。最初，他一周只能发表一两篇简短的随笔，慢慢地，随着素材越来越多，他写作起来更加得心应手，发表的文章也多了起来。

夏松遵循复利规则，每天写一篇文章，每天进步一点点。一年后，不论是文字水平还是收入，都实现了几何增长。

其实，发展复利思维的关键点有两个：一是提高利率。你正在从事的副业，比如夏松的写作应该是每天都有进步的，而不是保持原状或停滞不前。假如你今天的文字功底是1、素材积累是1、写下的字数是1，明天是如此，后天依旧是如此，那么做它的意义就不大了，也不要奢望利用它能成就什么。相反，若今天是1，明天是1.1，后天是1.12……经过复利的积累，时间越长，数字越大，变化则越惊人！

二是投入时间。想要让复利显示出丰厚的回报，重要的前提是时间的积累。很多人做副业项目时，满脑子想的就是如何赚快钱，恨不得今天做了明天就能收入不菲。这和做白日梦有什么区别呢？

还有不少人一天到晚地盯着"市场""爆款"，对一丁点儿的行情起伏都非常敏感。当发现自己所选的项目没有进展，而别人从事的项目却潜力很大时，他坚持一个月或几个月便放弃了，然后在不同的项目中反复"横跳"，这样当然看不到复利的作用。

就像巴菲特说的那样，很多人不愿意慢慢等，都想一夜暴富，这违背了复利的客观规律。所以，想要利用复利思维赚钱，实现价值利益最大化，我们要抛弃快速致富的思维。

副业赚钱攻略：

所谓复利思维，就是让我们沉下心来踏踏实实地做事，把手中的副业做好并不断追求进步与突破。当然，无论是能力、收入还是价值，一开始的增长都是缓慢的，我们不能操之过急，要保持住耐心。我们需要做到以下三点：

第一，克服懒惰、畏难、急躁等天性，培养耐心。 缺乏耐心是人类的本性，我们需要克服天性、挑战自己。要想做到这一点，需要给自己一个美好的愿景，让自己站在全局的角度、用长远的眼光看问题，以免陷入短视的陷阱——以为做成副业是一件简单的事，认为自己可以一夜暴富。

第二，将坚持和刻意练习相结合。 坚持努力，并不一定能等到爆炸式的增长。以提升专业技能来说，不是练得越多进步就越快，不是花的时间越久提升就越快。

我们需要给自己定一个目标，它不应是过于远大的，而是需要付出一定努力才能达到。实现目标后，我们要再进行分析，判断结果与实际目标之间是否有差距，针对差距寻求有效的解决方法。反复刻意练习，这样才能做得更好。

第三，做好总结和反思。 我们需要利用总结和反思不断发现问题，调整自己的阶段目标、做事方式。在这种情况下，有了时间的加持，我们就可以让复利展现出不可思议的力量。

> **知识点：**
>
> 复利思维的关键是，提高利率的同时让时间沉淀，发挥它的最大效用。

6. 发展副业，更要发展"复业"

发展副业是有学问的，副业经营者要选择好的项目，更要思考如何打造实现多元化收入、具有发展性的"复业"。

对于副业经营者来说，"复业"不仅在效益上具有可发展性，对于人生价值实现、个体发展也有非常大的意义。

具体来说，"复业"是在主业的基础上做乘法，打造具有多维竞争力的赚钱模式；"复业"能发挥个人的最大价值，凸显协同价值；"复业"具有连续性、可持续发展性，能在个人终身成长的基础上长期地、连贯地做某件事情。

第一章 认知突围，重新理解副业赚钱之道

"十点读书"创始人林少走的就是"复业"的道路。林少上大学时学的是机械类专业，毕业后成为一名工程师，经过四五年的历练升为主任工程师。但是，他心中仍有一股欲望，努力思考着自己喜欢什么，做什么能突破自己。

林少喜欢互联网，也十分热爱文学。大学时期，他就时常泡在论坛、贴吧，在各大平台上分享知识、心得。2010年，他在微博上开通"每日好书推荐"栏目，并以此为副业，也赢得了一定粉丝的喜欢与青睐。

林少得到了成长，从不懂文案的小白发展成为善于写作、懂运营、有格局的高手。到了2012年，他面临一个两难的抉择：是选择深耕微博，继续运营几十万粉丝的账号，还是选择微信公众号，一切从零开始。

当时，微信公众号刚刚内测，没有多少人使用，更没有多少人知晓与关注。林少却拥有勇气与胆量，选择从微博转战到微信，开始做"十点读书"内容，在微信公众号上发表文章。

由于林少能了解读者的需求与痛点，"十点读书"公众号越来越有名气。借助流量的红利，"十点读书"实现了突破性增长，成为覆盖图文、音频、视频、图书、社群的读书

分享自媒体矩阵。随后，林少成立十点文化传播有限公司，短短几年获得多轮融资。

与副业相比，"复业"也具有巨大的潜力，随着时间的推移，它能突破天花板效应，给人们带来巨大的收益。

副业之所以能称为"复业"，必须以知识和技能、资源和人脉为导向。它不是靠时间和劳力来换钱，也不是让人们长期从事重复性、低技术附加值的工作——它不仅仅是赚钱的方式，更是自我发展、自我提升、自我赋能的重要途径。

换句话说，"复业"给人带来的不仅是增加收入，还有技能、资源、人脉等的提升。"复业"可以给一个人的人生做乘法，扩宽人生道路，增加人生厚度，让个体迈向更高层次的台阶。

林少的经历正说明了这一点。林少没有埋首于一般性的副业，而是将爱好（互联网、文学）与副业结合在一起。在这个过程中，他借助时代红利，经过炼战、试错、沉淀，提升了个人能力、认知、格局；他学习各种课程、思维模式，反思自己的行为和角色；他对于未来有美好的期待与追求，通过"十点读书"实现自我价值、人生理想……

因此，副业经营者要具有"复业"思维，选择副业时应当为未来考虑，为更有价值、更丰富的人生着想。

副业赚钱攻略：

副业经营者，应该如何选择能"复业"的副业呢？

第一，复业不是那种投入简单的劳力和时间就能成功的事情，必然能让我们掌握的知识派上用场、优势技能有所体现，并随着时间推移不断增加新知识、强化新技能，进而形成正向的良性循环。我们选择的副业必须能可持续发展，在未来能持续带来收益和价值复利。

第二，能形成"复业"的副业，需要耐心、坚持、积累。"复业"的成功需要沉淀，前期或许需要冒险，或许赚不到钱，但是一旦变现，便越来越值钱、越有价值。

第三，只有一腔热血还不行，还需要提升自我认知。把自己的理想与现实情况联系起来，选择符合自己、能提升自我价值又顺应时代发展的副业项目。

第四，选择具有挑战性且能给自己带来成就感的项目。在这个不断发展的时代，如果副业不具有挑战性，经营者便会故步自封、不思进取；如果副业不能带来成就感，经营者便无法坚持、沉淀，不可能带来理想中的收益。

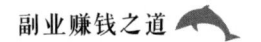

> **知识点：**
>
> 想要发展"复业"，首先是为了提升技能和实现自我价值，其次才是赚钱。

7. 要有副业思维，更要有副业能力

思维决定行动，行动决定结果。

想要通过副业赚钱，我们需要有副业思维，改变固有的认知模式和认知层次，培养和掌握一定的能力，如目标达成能力、自我管理等。有了这些能力加持，才能找到发展副业的正确途径，在副业的道路上获得更多的财富。

朋友齐菲是一个以自媒体为副业的年轻人，主业是出版社编辑，副业是开通微信公众号，针对热门事件讨论人们关

心的两性问题和家庭教育问题，分享情感类随笔并传递一些想法和主张。

齐菲写的文字有深度，通过故事、热门事件能揭露出一些现实问题，尤其是女性面临的职场和家庭困境。虽然她的更新频率并不高，但是通过两三年的运营，公众号也有了几十万粉丝。

开始做自媒体时，齐菲是有副业思维的——发展和延伸自己的兴趣，通过副业实现自我价值。在做副业的过程中，为了让自己坚持下去，她给自己设定了目标——做有深度又有趣的情感公众号，用故事传递观点，用观点感动人心。

每半年，齐菲会为自己制作一个愿景板，在上面写下未来半年的计划。比如，听 100 名读者讲自己的故事，给 100 名读者解答问题和困惑；一周内，至少发布 4 篇文章、阅读一本情感类或心理类图书；用心选故事，每篇文章都严格把关，力求呈现出精彩的内容。

在目标和愿景的指导下，齐菲总能积极行动并完成自己定的计划。因为有了行动的方向和动力，知道自己应该做什么，所以，她的公众号运营得非常顺利，粉丝量和影响力都稳步上升。

很明显，齐菲具备经营副业的能力，即目标达成能力和自我管理能力。

对于一名副业经营者来说，有了发展副业的想法，如何一步步实现自己的想法是一大难题。

很多人有想法，想法也非常好，但是因为没有行动力，结果导致副业无疾而终。更何况，副业本就不像主业那样有约束力——需要我们按时上班打卡，必须高效完成老板交代的工作任务。因此，很多人虽然一开始信誓旦旦地说"我要做副业"，结果一个月、两个月过去了，项目毫无进展。

只有当副业经营者掌握了目标达成能力和自我管理能力，根据实际情况制定了目标和愿景，然后正确地实施、督促自我，成功发展副业就指日可待了。

副业赚钱攻略：

想要通过副业赚钱，除了需要具有目标达成能力和自我管理能力外，还需要掌握哪几项能力呢？

第一，营销能力。这里说的营销能力，包括营销产品和服务的能力，也包括自我营销的能力。首先是营销产品和服务的能力，就是我们需要了解目标群体的心理需求，提供他们需要的、喜欢的产品和服务；能充分利用副业平台，展现产品和副业的优势与价值，吸引目标群体的注意；同时善于与目标受众沟通，建立与目标群体的亲密关系，实现销售变现的目的。

其次是自我营销能力，就是不仅要提升自我价值与能力，还要表达和宣传自己，形成个人独特的品牌或 IP 效应，让目标受众"爱上"我们。如此，我们的人气才会越来越大，收入才会越来越多，副业发展才会越来越好。

第二，团队和资源的管理能力。 想要在副业上有长远发展，我们不能单打独斗，需要依靠团队的力量，就是发展广阔的人脉。所以，我们要具有优秀的管理能力，管理内部团队和身边的人脉资源，充分发挥内在资源和外在资源有效结合的力量与价值。

第三，时间管理能力。 做好主业，是发展副业的前提。我们需要具有时间管理能力，分配好主业和副业的时间，合理利用业余时间并懂得利用 80% 的时间做重要且紧迫的事情，充分发挥碎片化时间的作用。这样，我们的工作效率才会提高，收入才能增加。

知识点：

副业能力＝目标达成能力＋自我管理能力＋营销能力＋团队和资源管理能力＋时间管理能力。

第二章
分析自我，挖掘适合自己的副业项目

从产生发展副业的想法到具体落实，第一步就需要我们全面分析自己：清晰知道自己的兴趣爱好，明确个人价值，了解市场现状、所处环境以及身边需求等，然后从中挖掘适合自己的副业项目。

1. 分析职场现状，找准经营副业的时机

什么时机适合发展副业，这是一个需要重视的问题。虽然发展副业有很多好处，但并不是任何人都适合发展副业，也不是任何时候都适合发展副业。

如果你的主业发展得还不错，且有充裕的业余时间；或者主业获得长足发展，但预判到不远的将来会遇到瓶颈；或是主业无法获得更好发展，无法实现个人价值。此时，你最好抓住发展副业的时机，探索再进一步的可能性。

如果你刚刚进入职场，对于很多工作还处于适应阶段，压力比较大；或者受到领导的赏识，有希望在短时间内升职，获得更好的职业发展——此时，最好不要随意发展副业，否则很可能导致主业发展受阻，陷入尴尬境地。

在某次"传统企业与新媒体"研讨会上，我认识了一名

年轻的花艺师刘莉莉,她负责会议现场的鲜花设计与布展。

刘莉莉的主业是某公司行政部门的职员,利用空闲时间发展副业,主要承揽会议、婚礼、庆典等活动的鲜花布展。

刘莉莉做行政工作已有5年,工作稳定,但是收入不高且晋升空间小。为了实现一定程度上的财富自由,她开始利用业余时间寻找新的突破点。当时,摆在她面前的有两条路:一是继续学习其他专业知识、专业技能,争取转行;二是发展副业,在主业基础上寻求创业的可能性。

经过深思熟虑,刘莉莉决定选择后者。后来,她接触到了花艺设计,并到专业机构接受培训和学习,再到花艺设计公司做兼职,在实践中提升了自己的专业能力。

等到自己的技能被认可后,刘莉莉正式经营自己的副业。现在,这个副业不仅给她带来了收益,还给主业加了一道保险,给她的人生带来了别样精彩。

工作5年的刘莉莉,她面临的职场现状是:工作时间长,收入不高,晋升空间小,职场发展缺乏更好的机会和更大的突破。在这种情况下,她开始不满足于现状,想要寻求更大的发展空间,实现更大的自我价值。

这正是发展副业的好时机。如果刘莉莉此时不抓住副业发展时机，她的事业激情便会慢慢褪去，个人价值也会越来越小，甚至还可能会因为担忧、焦虑而产生职场倦怠。其结果是，职业发展是一塌糊涂，副业也耽搁了，失去更多的工作机会和人生机遇，沦为忙忙碌碌却无法更好体现自身价值的打工者。

副业赚钱攻略：

想要发展副业的人，可能因为缺钱、发展兴趣、寻求更多发展机会而萌生此想法，那我们如何确定发展副业的合适时机呢？这可以从以下四方面考量：

第一，当主业收入已经到达岗位的天花板，没有太大的提升空间时；或者预见自己的收入已是行业天花板，即便跳槽也无法大幅度提升时，你就需要考虑发展副业了。换句话说，当你对自己的主业薪酬并不满足，但它已是岗位或行业的最高收入，短时间内无法再突破时，它便是你发展副业的合适时机。

第二，当你的职位晋升空间小、晋升概率低时，这也是**你发展副业的合适时机**。一个人的能力是可以不断提升的，潜力也是无限的，如果主业技能提升无法换来晋升空间，或

◆ 第二章 分析自我，挖掘适合自己的副业项目

是岗位限制了个人技能的充分发展，你就必须考虑跳槽或者发展副业。

第三，每个人都应有更高的理想抱负，才能充分展现个人价值。所以，当你的主业只是简单、机械的工作，薪酬只能满足日常生活花销时，便应该探索副业的可能性，通过副业充分发挥个人价值，我们的人生才会更加精彩。

第四，还需要考虑时代环境、行业环境以及个人时间、精力等问题。若能满足天时、地利、人和的条件，我们发展副业时才会更顺利。

知识点：

> 寻找适合发展副业的好时机，需要考虑个人收入、晋升空间、个人价值以及环境等因素。

2. 给副业选项拍一张快照

做副业之前，我们要先了解自己有意向的副业项目的基本情况：副业项目是什么，有哪些人在做，未来发展前景如何，有哪些门槛，需要哪些技能和资源，投入周期是多少，回报率是多少……

同时，在本子上列出这些信息，为副业项目拍一张快照，然后确定副业目标，制订副业发展计划。这样准备好，副业项目才能顺利地做下去。

我的朋友吴菲一直喜欢绘画，对于国画、油画都有一些研究。大学期间，她所学专业是室内设计，毕业后进入一家室内设计工作室，之后利用业余时间发展插画师副业。

吴菲之所以选择插画师为副业，一是因为自己有较为深厚的美术功底，二是想利用绘画提升品位素养。真正开始发

第二章 分析自我，挖掘适合自己的副业项目

展副业之前，吴菲接受了别人的建议，对这个副业项目进行了"拍照"。

在白纸上，她列出了几个问题，并一一找到答案：什么是插画师？插画师是以绘画为职业的，通常为图书、广告、游戏、影视等行业提供作品。哪些人在做插画师？有绘画基础的，有兴趣从事插画、绘画工作的，还有专业全职的，都可以做插画师。未来的发展前景如何？插画师的市场需求旺盛，可以做自由插画师，也可以做动画设计师、美术类导师和儿童读物插画作者等。门槛有哪些呢？画技娴熟，有创新力和想象力，更多地了解插画圈内的风向标，有较好的运营能力。回报率是多少？有丰富的经验和高水准的绘画实力，副业经营者在过硬的运营能力帮助下可以迅速积累经验和人脉，获得丰厚收入。比如，单张插画收益可达几百或上千元，水准高、构图有张力的可达上万元。投入周期是多少？一般需要投入3个月到半年，便会实现收益提升。

紧接着，吴菲开始行动起来，在米画师、美术盒子、橙光等平台上接单，在小红书、抖音、微博、豆瓣等平台上发布一些插画作品，制作插画技巧的相关视频，并做好引流。同时，她在各大素材网站上申请成为插画师，让有经验的客户从商业角度审视自己的作品。很快，就因为她的插画构图

有张力、画技娴熟、布局有视觉冲击感、细节满满,她接了一单又一单,获得丰厚的收入。

对于新手来说,制作副业快照并不是一件简单的事情,可能会消耗很多时间和精力,甚至让我们陷入困惑和烦躁之中。但是,这是我们选择副业项目的第一步,也是非常重要的一步。如果这一步做不好,之后的努力就可能白白浪费了。

因此,副业经营者必须重视给副业项目拍照,同时要将其好好保存下来,并在之后制订副业计划、确定副业目标、经营副业、对副业复盘时,将它作为参照物,考察自己的行动、结果是否有所偏离,是否需要对计划、行动进行调整。

副业赚钱攻略:

给副业项目拍快照时,副业经营者应当注意哪些要点?

第一,明确所列问题,准确收集信息并进行客观评价,切勿添加主观意愿。收集信息时,可以查阅专业书籍、聆听专业课程、进行网络搜索,还可以咨询做副业项目的成功者、行业专业人士,确保获得真实、有效的信息。

第二,一定要保存好副业项目快照,不可随意丢弃。否则，总结副业特征、筛选副业模式等工作就可能受到影响，在复盘发现问题时也无法开展对照、调整等工作。

第三，完成认知上的升级，做好思维上的转变。尽可能开阔自己的视野，挖掘适合自己的副业选项，做好副业项目的可行性分析，找到适合发展副业的时机。

知识点：

> 给副业项目拍快照，可以让我们充分了解它的概况。快照拍得越清晰、越准确，副业的成功率就越高。

3.给自己"定价"，不高估也不低估

想要找到适合自己的副业项目，我们需要分析自己，然后给自己一个"定价"。所谓价值决定价格，这一原则在商品买卖领域适用，在自我推销领域同样适用。比如，你是一

名室内设计师并以此发展副业，你的价值则是由专业的设计能力、丰富的设计经验、高超的创新水准、出色的造价能力以及良好的客户沟通能力等要素决定的。

以上要素水平越高，你的价值就越大，自身定价也就越高。如果不能做好自我价值评估，无论是定价高了还是低了，都很难得到长足发展。

丁奇是一名短视频 UP 主，在短视频平台上拥有十几万名粉丝，也算是个有些流量的"小网红"，平时承接一些线上店铺引流推广、产品宣传等业务。因为他做的短视频质量较高，在引流推广上有独到的经验，得到了不少客户资源，每月的收益也算丰厚。

随着副业发展得越来越好，丁奇开始有些飘飘然了，不能正确评估自我价值。他认为自己的流量比较大，影响力也不小，便不再愿意与小店铺合作，一心想寻找大商家、大品牌的客户资源。

同时，丁奇还改变了佣金模式：之前是打包式收费，即每发布一条推广视频就给出一个确定的报价，相当于客户买断了结果；现在采取的是分红收费模式，即按照帮助客户完成的销售额来分红，分红比例为 10%。

事实上，目前很多大 UP 主的推广宣传或是直播带货都采取分红的模式。然而，以丁奇这个流量和影响力的账号来说，大客户根本不愿意与他合作，更不会同意采取分红的模式。结果，丁奇的客户流失了很多，他的副业收益也越来越少。

很明显，丁奇高估了自我价值，就是给自己的"定价"过高了。对于客户来说，他们都对丁奇的服务价值有一定的评估，双方评估的结果比较契合，合作就会达成。如果客户认为丁奇不值这个"价格"，便会放弃与他合作。

换句话说，你是什么"价格"不是由自己说了算，也不是由客户说了算，而是由自身价值决定的。所以，你在经营副业时需要认清自己，给自己一个合理的"定价"。若想提高"定价"，就必须提升自我价值，包括个人技能、服务或产品的质量与品质等。

副业赚钱攻略：

对于副业经营者来说，给自己一个合理的"定价"才能赢得更多的发展空间，最终实现财富自由。那么，该如何进行合理的"定价"呢？

第一，无论是做好主业还是发展副业，本质上都是用自身价值决定收入、职场发展前景，也决定了副业收益、个人发展空间。 我们的价值越大，能够吸引的人越多，得到的机会也就越多。若是自身没有价值，提供的产品或服务不能让他人满意，"定价"必然高不了。

第二，提供产品或服务时，我们必须选择好的定价模式。 第一种定价模式是时薪式，即针对不同的产品或服务，明确每小时收费多少。也就是说，需要用时间来换取收入。当然，收入多少由你的工作时间长短决定，也由技能高低、任务难易程度来决定。

第二种定价模式是打包式，就是按照特定的任务来定价，即完成一项任务获得一笔收入，收入水平也是由副业经营者的专业性、完成任务的质量和效率来决定的。

第三种定价模式是分红式，就是按照项目完成情况或产品销售额度来分红，用提供的经济价值来换取收益。

副业经营者要努力让自己变得有价值，提升个人实力，选择适合自己的定价模式才会有满意的结果。

> 知识点：

> 你的价值决定了你的副业发展指数，决定了你可以给自己定什么水准的"价格"。不高估也不低估自我价值，才能让副业这条路越走越宽。

4.你的哪些资源可变现

每个人都有一定的资源，包括知识、技能、人脉、独家信息以及渠道，这些都是发展副业的优势。所以，在发展副业前，我们需要认真盘点自己拥有的资源，分析它们是否有助于自己发展副业，可以通过哪种变现模式发展副业。

吴桐是我在参加一次企业宣传活动时认识的朋友，是某企业的人力资源专员。为做好主业，他积极开拓人脉资源，接触社群并学习社群运营。一次，大学同学联系到我，表示想回本市工作，看看有什么渠道和资源，我便把同学介绍给了吴桐。在吴桐的帮助下，同学很快就找到了合适的工作，事业也发展得很顺利。

后来，我们三人聚在一起，讨论副业这个新话题："现在人人都发展副业，吴桐你拥有人脉和信息资源，可以用来发展副业的。要知道，你积累的人脉资源是很多人所不及的，你掌握的信息也是我们这些行业之外的人很难掌握的，这就是优势。不是吗？"

吴桐顿时来了兴趣，积极建立专属社群，吸引大学生以及想转行、跳槽的人加入，分享关于招聘、面试等一手信息。比如，将某公司某岗位计划招人的信息，分享给有找工作需求且条件符合的人才；通过人力资源平台、HR群组推荐适合的人员，帮助企业招募人才；将自己在工作中积累的关于面试技巧信息，分享给准备面试的求职者。

此外，吴桐还开通了微信公众号，将目标粉丝吸引到社群、微信群，并对潜在客户进行一对一服务。因为吴桐有人脉和信息资源，所以他的副业发展得很顺利，经济收益得到很大提升。

第二章 分析自我，挖掘适合自己的副业项目

人脉和信息是一个人非常重要的资源，尤其是在互联网快速发展的时代，信息对每个人来说都是至关重要的——我们手中掌握的信息越多，信息差越大，其价值也就越大。

一般来说，信息差的本质分为以下三种：一是资源差，就是别人没有的东西你有，如此你就可以形成垄断并利用它去赚钱；二是能力差，就是别人不会的东西你会，然后利用这种能力赚钱；三是认知差，就是别人不懂的东西你懂，然后通过提供信息咨询、做产品顾问来赚钱。

利用信息资源发展副业，就是利用信息分布的不对等、信息传递的延迟性而形成的信息资源差异价值来盈利。因为信息具有不对称性，吴桐掌握的看似很平常的信息，却是行业之外想了解相关信息的人所急需的，所以，他能根据用户需求来赚钱。

当然，这种信息差越大，尤其是当我们掌握的是独家信息时，获得的收益就越大。

副业赚钱攻略：

对于有发展副业想法的年轻人来说，该如何利用自己手中的资源呢？

第一，分析自己有哪些具体资源。不要在脑子里苦思冥想，而是一一写在白纸上，最好是做一个思维导图或者一张表格。这可以帮助我们对其进行全方位和系统的描述与分析，让我们找到最有价值的资源。

第二，识别并利用这些资源。通过思维导图或者表格，我们可以直观地发现自己拥有的资源是人脉、信息还是渠道，然后分析自己适合发展哪一方面的副业。

比如，一名企业行政人员的资源有一些独特的渠道，如机票代理、酒店、签证处等。因为行政人员时常为公司员工预订低价机票、折扣酒店、代办签证等，利用这些资源，他就可以将其发展成低价机票（酒店）预订和代办签证等副业。

第三，整合资源，让其发挥最大价值。对于很多人来说，自己的资源优势似乎不太明显，或者没有太多精力利用这些资源做事。这时，我们可以整合这些资源将其发布到具有信息传递功能的网站上（如携程、美团、58同城等），或者发展信息中介类副业，构建适合自己的副业模式。

> **知识点：**

> 赚钱的本质就是拼资源，别人没有的你有，这就是一种副业优势。

5.兴趣变现：玩也是一种生产力

把爱好和副业结合起来，是很多人追求的理想状态。因为是做自己感兴趣的事情，所以它能充分调动我们的工作热情和积极性，做副业时也更认真、更有动力。

同样的道理，虽然一些兴趣的培养是需要成本的，但是将这个兴趣发展成副业，再从副业中得到收入，成本问题便可迎刃而解。

李琦对于摄影怀有强烈的兴趣，年少时的梦想便是成为一名出色的摄影师。只是因为条件限制，他当初报考大学时未能选择摄影相关专业，毕业后也没有从事摄影相关工作。

不过，这并没有消减李琦对摄影的喜爱。工作之余，他总是拿着摄影机到处拍照，拍花草、拍建筑物、拍来往的人群、拍人们的生活百态……每当与朋友、同事外出旅行时，他都是"御用摄影师"，负责为大家拍照留念。

李琦不是拍拍玩玩而已，他不断磨炼摄影技术，研究构图、光线、色温等专业知识，还自学了 Photoshop 技术。大家对李琦的摄影技术非常满意，认为他已经成为"准专业摄影师"。

在短视频兴起之时，李琦开始想，是否可将拍摄短视频作为副业，一方面记录生活，另一方面赚取额外收入。

下定决心之后，李琦购买了更专业的摄影器材、打印机，白天做好本职工作，然后利用清晨、夜晚、周末等空闲时间外出拍照。在他的镜头下，有晨练的老人、辛勤劳动的清洁工、买菜的妇女、送外卖的小哥，也有与同学追逐的学生、带着孩子散步的夫妇……

每次为主人公拍摄完照片后，李琦都会选择一张最满意的当场打印出来送给对方。因为李琦拍的照片的构图、光线非常好，所以很受大家的欢迎。随后，他把生活照片发布到专业图片网站，供使用者付费下载。

李琦拍的短视频，也是记录生活百态、与各类人群沟通的过程。当然，各种短视频也受到粉丝的喜爱，粉丝数量逐渐上升。

可见，李琦真正做到了兴趣与副业相结合，玩和赚钱两不误。

把兴趣变成副业，让兴趣顺利变现，其实一点儿都不难，尤其是在自媒体兴起的今天。若你喜欢唱歌、跳舞，可以利用短视频将其发展成副业，在视频红利时代分一杯羹。

当然，兴趣的定义很广泛，并不只是我们所说的唱歌、跳舞、玩游戏、摄影等，一些偏小众的兴趣如结绳、雕刻、收集石头等，同样可以将其发展成副业。需要注意的是，想要把兴趣变成副业需要磨炼相关技能，提升自身实力，而不能只是喜欢，却不精通。

随着发展副业的人越来越多，行业竞争也越来越激烈，这就要求我们在把兴趣发展成副业之前应先了解自己的兴趣是否具有独特性，自己的竞争力如何。

最后，我们要想成功，就不能给自己太大的压力。兴趣之所以能成为兴趣，是因为喜欢、热爱。如果给自己太多的压力，告诉自己一定要利用兴趣变现，那么热爱之情就会慢慢枯竭，导致副业经营低迷。

副业赚钱攻略：

每个人都有自己的兴趣、爱好，每一种兴趣中都隐藏着可以发展的副业。比如，喜欢看电影，可以发展影评人、编剧、剪辑师、配音、翻译等副业；喜欢主持，可以发展婚礼（或商业活动）主持、线上直播等副业；喜欢旅行，可以分享旅行攻略、拍摄旅行视频、为旅行视频配音、做景点兼职解说等副业。

简单来说，让兴趣变现，需要先找到与兴趣相关的副业。那么，我们怎样才能找到与兴趣相关的副业呢？

第一，明确自己喜欢的事情是什么，然后分析所需资源和成本。如果你感兴趣的是推广某野外活动用具，需要具体分析这件用具——通常被什么类型的人使用，与它有关的场景是什么，以及如何使用。

第二，分析兴趣发展成副业的可能性。一些兴趣有可能发展成副业，能为我们带来收益；一些兴趣是不能发展成副业的，很难给我们带来收益。比如，你喜欢收集石头，那么，对于普通的、没有经济价值的石头，如何才能将其发展成副业呢？

第三，列举可以将兴趣发展成副业的3个项目。然后，你要选择自己最擅长的、可以让兴趣持续发展以及行业发展潜力最大的那个，将它作为自己的副业发展目标。

知识点：

> 兴趣变现，需要找准平台、把握机会、体现能力，同时充分发挥自己的优势与价值，如此才更容易成功。

6.技能＋专业，真的很值钱

发展副业，现在最流行的就是用技能来赚钱。技能有多种类型，包括专业性的（摄影、平面设计、编程等）、艺术性的（舞蹈、绘画等）……衍生出的副业也较多，如写作、直播、线上培训、线上外包等。

但是，一些副业经营者最初因缺乏经验，不知道如何精准定位副业项目。想要解决这个问题，我们需要先问问自己有什么技能，与别人相比有哪些优势，以及这个技能能否帮助自己赚到钱。

菁妈在一家母婴公司做营养师，一直致力于婴幼儿营养、成长方面的研究，具有专业的育儿知识和丰富的育儿经验，她的副业就是在平台上解答育儿类问题。

当今日头条火起来后，菁妈的很多朋友都开通了头条号，如写文章、做推广，赚取了丰厚的收入。想到当前人们越来越关注育儿、婴幼儿营养的问题，而自己在这一领域深耕多年，菁妈也开通了头条号，开始写育儿文章。

刚开始，菁妈并不会写文章，也不懂得如何起个吸引人的标题，文章阅读量不高，几乎没有什么收益。后来，悟空问答（当时叫头条问答）上线，菁妈发现这种问答方式特别适合自己，比写文章简单很多，能用自己的知识储备帮助宝妈们解决关切的实际问题。

因为菁妈掌握的技能是宝妈们的刚需，所以，她的回答很快展现出专业性和实用价值，阅读量迅速增加，收益也随之增长。后来，菁妈还花心思提升了运营水平，让自己的技能和专业变得更加有价值。

想要发展副业，你首先要剖析自己，看看自己有什么技能。当然，这里说的技能是有价值的，能为自己赚到钱。

首先，这个技能要有市场或者能满足大部分人的需求，就能产生价值。比如，你会弹奏钢琴，但是你居住在小县城，没有足够的钢琴爱好者，也少有人有经济实力购买钢琴和练习课程，那么，即便你的技能再好也不能将其发展成副业。

其次，你要足够精通这个技能，具有强大的竞争力。就拿菁妈来说，如果她不是专业的营养师，没有掌握婴幼儿营养方面的知识，没有积累丰富的育儿知识，恐怕也无法回答育儿问题。

所以说，要运用技能＋专业来赚钱，只有赋予它强大的竞争力才能产生更大的价值。

副业赚钱攻略：

如何培养一项技能，让它变现并成为我们稳定的副业收入来源呢？

第一，善于思考，改变认知。认知是人们产生差异化的重要原因，对于我们来说，知识是认知的延续，技能则是它的表象。

比如，同样是学习摄影的三个人，A先生老老实实地按照教师的技法构图、修图，不思考、不创新；B先生学会了教师的技法，懂得思考，学会了举一反三；C先生则深入思考，研究为什么如此构图，这样构图有什么优劣、能否改进不足。最后，A先生早早地就放弃了摄影；B先生成为出色的摄影师，开了一家摄影工作室；C先生则成为业内出色的摄影大师。这就是认知不同导致了技能、成就的差异。

第二，不断练习和实践，提升技能。任何技能的提升，都离不开练习和实践。想要通过副业赚钱，我们需要提升自身技能的竞争力，比别人更精通、更专业；想要通过副业实现财富自由，一定要成为该领域的佼佼者。

第三，为自己合理"定价"，不高估，也不低估。无论你掌握了哪种技能，都要清楚地认识到自己的能力与竞争力，为自己合理"定价"。只有这样，我们才能找准发展副业的方向，持续地行动下去。

> 知识点：

> 技能＋专业＝个人价值。

7. 身边的需求，就是你的副业选项

不论是谁，无论做什么副业，都要从客户的需求出发。

能抓住客户的需求，并且为客户提供更有价值的产品和服务，才能赢得客户的认同，获得更多收益。相反，你只关注自身的产品或服务，那么副业就无法推进下去，更不用说赚到钱了。

因此，寻找副业项目时，我们需要让自己敏感些、用心些，及时发现或用心挖掘身边客户的需求，便可走上副业成功之路。

90后雅雅在大学就读的是服装设计专业，毕业后，她应聘一家企业做了服装设计师。因为她从小就喜欢小动物，在大学期间，她便利用业余时间为自家或同学家的小猫、小狗缝制过各种衣服、鞋子以及玩偶。

一个偶然的机会，雅雅和朋友来到一家撸猫馆撸猫，就和店主交流起来。沟通后，她发现现在很多年轻人压力大，喜欢宠物又没有条件养，便喜欢到以"宠物"为主题的休闲馆、咖啡馆等场所"撸"猫、"吸"狗，玩得不亦乐乎。

雅雅得知店主想找人为宠物设计服装、配饰后，便将这个工作揽了下来。雅雅凭借着自己的专业技能，且对小动物有充分的了解，设计出的穿搭既时尚又具有特色，还能展现出小动物的萌感和可爱。

有了雅雅的加持，这家撸猫馆形成了自己的特色，很多年轻人喜欢来这家撸猫馆玩，还会发视频、朋友圈宣传。一下子，撸猫馆的生意火爆起来，成为宠物爱好者的"打卡地"。之后，很多宠物休闲店、撸猫咖啡馆与雅雅联系，希望她能为自己的宠物设计时装。

雅雅发现了客户的需求，立即抓住这个机会，与朋友成立了一家宠物时尚工作室，承接给宠物设计时装的业务。

后来，雅雅还与南方的一家服装厂合作，做起宠物服装设计、销售的生意，不仅承接本地业务，还通过网络直播销售。自此，雅雅的副业真正发展了起来，不到一年，利润就达到上百万元。

雅雅的故事告诉我们，每个人的身边都隐藏着各种需求，只要足够敏锐，然后利用自己在某方面积累的专业知识和经验，就会找到适合自己的副业项目。

事实上，每个人身边都有各种各样未被充分发现的需求，关键在于你是否关注了，能否将这些需求与副业联系起来，能否利用这些需求定位副业项目。

比如，现在的家长都非常重视孩子的教育，尤其是大脑开发、情绪控制、心理健康等方面的培养与管理。这就是一个需求，可以指引你发展副业的方向——如果你是一名家庭教育机构的教师，那么就可以抓住家长的教育困惑，发展孩子情绪管理课程等副业项目。

抓住机会，根据客户需求准确定位相关项目，发展副业就会顺利很多。

副业赚钱攻略：

副业经营者，要如何及时发现并准确把握客户的需求来定位副业项目呢？

第一，出现了问题，就是需求产生的契机。 我们在生活中总是会遇到各种各样的问题，比如，衣服污渍难以清理，网购时很难确定这件衣服是否适合自己，第一次乘坐飞机时不知如何换取登机牌，等等。这些问题是某些人心中的痛点，也是他们的需求。及时了解并抓住这些痛点，利用它确定副业项目，你就可以抓住发展机会。

第二，善于挖掘热点，根据热点挖掘需求。 需求可以带来副业发展的热点，一些热门的行业和项目也蕴藏着客户的需求。所以，我们要关注社会和行业中的热点，第一时间找到适合自己的项目和机会，巧妙策划，积极行动。

第三，洞悉身边人的心理，及时发现他们感兴趣的事情、刚需产品或服务以及对其具有诱惑力的物品。 我们只有接触不同的人群，了解他们的性格、兴趣、爱好、秉性以及心理活动，才能更好地了解他们的需求，进而准确定位自己的副业项目。

> **知识点：**
>
> 选择副业项目，关键是精准抓住客户的需求，同时要充分利用自身的专业知识与经验。

8. 树立一个榜样，但不可复制榜样

当前有很多发展副业获得成功的人士，他们积累了丰富的副业经验，也总结出了一些成功规律，实现了通过副业长期盈利的目标。

对于想要发展副业的人和正在经营副业的新手来说，将这些成功者当作榜样，借鉴他们的成功经验，则能够让自己更迅速地找到适合自己的、可以获取收益的项目，并轻松走上稳健发展的道路。

不过，向榜样学习，并不是直接选择他们所做的项目、

复制他们的成功道路，若是你这样做了，很可能会失败。

王静在一家私企从事财务工作。其实，大学毕业后，她并不想做财务，但是父母认为财务工作稳定，待遇也比较好，便强迫她从事这一工作。工作5年后，王静进入职业倦怠期，想要发展一份副业来谋求新的挑战。

王静很喜欢papi酱（姜逸磊），闲暇时间就喜欢看她上传的短视频，也了解了她把副业"玩"成事业的经历。

papi酱毕业于中央戏剧学院，刚开始时是某娱乐网站的节目主持人。这是很多人羡慕的工作，但她并不满足于此，因为她有自己喜欢的工作——表演。可是演员这条路并不好走，这时，网络视频进入她的视线。

papi酱的内心就萌生了一个想法：借助互联网，自己既当导演又当演员，岂不是两全其美？于是在工作之余，她开始构思剧本，拍摄小视频。

一开始，papi酱没有引起多少人的注意。后来，她开始创新，采取浮夸的表演方式，又推出变声版本，形成特定的视频风格。papi酱的视频迅速火爆起来，她不仅成为路人皆知的网红，还得到数轮风险投资。目前，papi酱成立了短视频MCN机构，既做导演又当演员，事业多面开花……

第二章 分析自我，挖掘适合自己的副业项目

王静被 papi 酱的故事感染了，并将她作为榜样，开启自己的短视频拍摄之路。尽管现在短视频还处于发展红利期，但是她模仿 papi 酱风格拍摄吐槽、搞怪视频的效果并不理想，浏览量和点赞量寥寥无几。

坚持了几个月，王静最终选择了放弃。

其实，这是一个典型的复制榜样副业项目，最终失败的例子。

papi 酱的成功案例确实值得人们借鉴，但是忽视了个人实际情况、忽略了环境和成功者独具的特质等因素，一味地想要复制成功，你又怎么可能获得成功呢？

很多副业经营者有这样的想法："世界上有这么多成功的人，他们的成功之路各种各样，成功经验都是经过验证的，我随便复制一条不也能轻松成功吗？"

结果是这样的吗？当然不是。

要知道，任何榜样的成功，都是特殊环境下的产物。所以，我们可以向榜样学习，从榜样身上挖掘项目，但前提是分析自我的能力，分析榜样的经历、经验，才能找到适合自己的项目。

副业赚钱攻略：

选择副业时，我们可以给自己找一个成功者作为榜样，从榜样身上挖掘副业项目，但是必须注意以下三点：

第一，全面分析榜样的成功之路，包括他曾经从事的工作、做过的事情、身份标签、生活状态。

分析榜样从事过的工作，我们可以了解他工作时的状态、心理变化、某个时期所做出的决定，进而为自己的副业发展提供参考；分析榜样做过的事，我们可以了解他的思维习惯、行为习惯、心路历程等，进而学习他的思维模式、奋斗精神以及积极心态；分析榜样的身份标签，我们可以了解他的目标，然后根据自身情况制定一个适合自己的目标；分析榜样的生活状态，我们可以了解他的成功因素，并以此为依据，激发自己的热情与行动力。

第二，尽量避免幸存者偏差，不过分迷信成功。著名魔术师、催眠师德伦·布朗做过一个实验：他找到一些被测试者，给他们每个人发送了一封电子邮件，说他本人有能力预测到赛马的结果，并可以证明这一点。他把这些被测试者分为五组，然后假设每场比赛有五匹马参加，每组都能"预测"

第二章 分析自我，挖掘适合自己的副业项目

到一个赢家，另外四组都会预测错误。如此，赢家就会相信他能够预测出一次正确的结果。重复这个过程，四五轮之后，他人就会相信他有预测的能力。

实验表明，人们存在心理偏见，会跟着自己的感觉走，继而做出不理智的错误决定。这种现象，在心理学上被称为"幸存者偏差"。因为存在这种心理，很多人会有从众心理，渴望复制成功。事实上，我们想要成功，必须抛弃这种心理，不要企图复制别人的成功。

第三，不仅要剖析榜样的成功经历，还要深度剖析自己。 分析自己的优劣势，思考自己事业的状态、做过的事、犯过的错，适合哪个行业、做什么项目，然后将自身优势与榜样经验结合起来，最后选择适合自己的副业项目。

知识点：

> 树立榜样的关键，不是复制榜样的成功、盲从地跟着榜样做项目，而是以自身为前提来借鉴榜样的成功经验，让榜样激励自己不断前进。

第三章
筛选副业，选择好的赚钱模式

目前，副业模式是多种多样的，有自媒体运营、直播带货、写作、有声录制、社交电商、在线教育，等等。这些模式各有优势，给副业经营者带来的收益也截然不同。副业经营者应从自身专业技能、兴趣爱好、时间分配等方面出发，选择更适合自己的赚钱模式。

1. 自媒体运营，IP 是第一位

现在，人人都可以从事自媒体行业，简单来说，自媒体是大众通过手机、电脑等终端在新媒体平台上对外发布信息。个人可以申请独立的自媒体账号，进行内容创作和信息发布，形式可以是图文类的、视频类的，也可以是音频类的。

与传统媒体相比，自媒体在自我定位上是"自我言说"，就是信息的采集、编辑、传播大多由一个人完成。所以，自媒体的进入门槛比较低，只要有手机、会编辑便可成为自媒体人。然而，成为优秀的自媒体人，能打造出色的、能变现的自媒体账号却不是一件简单的事。

房琪现在是一名旅游达人，也是一名短视频类的自媒体人。以前，她一直都有当主持人的梦想，在大学毕业后就积极推销自己，获得了在电视台实习的机会。结果，她并没有接触到主持的相关工作,只是当了半年的"杂工"——给同事们端茶倒水、拿快递。

即便如此,房琪依旧没有放弃自己的梦想,而是苦练主持基本功,不断磨砺自己。她还参加了主持人大赛,最后成为央视《美丽中国行》外景主持人。

因为工作需要,房琪踏遍了全国各地,寻找和感受着中华大地的美景,这也为她之后成为旅游类自媒体人打下了基础。后来,房琪辞掉工作,和男友一起拍摄旅游美景类的视频,做起了自媒体。

房琪和男友开始全国旅游,一个负责文案和拍摄内容的策划,一个负责摄影和短视频的剪辑。她全身心地投入工作,寻找独特的风景,力求带给人们不一样感受的美景。

房琪推广的文案优美还有力量,既能给人温暖的感觉,又能让人内心一震。而她男友镜头下的唯美景色,既有诗情画意,也有人间烟火。

正因为这样,房琪做的视频很快吸引了不少年轻人,尤其是喜欢旅行的那些人的关注。仅仅一年时间,房琪在全网的粉丝数量达到将近2000万。随着粉丝和人气的暴涨,房琪成立了工作室,开始接广告、参加节目等项目。

当人们意识到自媒体可以带来额外收入后，都纷纷开始发展自媒体副业。有的人兼顾主业和副业，有的人则干脆辞掉主业。可事实证明，自媒体的大门好进，但是想要拿到大额红利并不容易。

房琪之所以能成功，首先是内容优质。

优质的内容具有排他性，就是说同一类型的视频，受众只会关注最优质的那一个。美景＋温暖而有力量的文案＋舒缓的音乐，让房琪的视频具有很大的吸引力，让粉丝们成为她忠实的拥趸。

其次是精确定位自己擅长的旅行领域。

外景主持的工作需要，让房琪走遍大江南北，知晓如何将景色拍摄得能"治愈人们的心灵"。综观那些自媒体大V，他们之所以能拥有几百万、上千万的粉丝，就是因为他们拍摄的短视频内容都在充分展示自己的优势。

最后是强化标签化IP，把自己打造成大IP。

自媒体运营中，IP是第一位的。自媒体依托互联网产生，打造具有个人特色、有影响力的IP，就相当于在打造个人品牌，提升自媒体账号吸引流量和变现的能力。

副业赚钱攻略：

正因为现在是"人人都可以成为自媒体人"的时代，所以，自媒体副业的竞争比较激烈。只有打造出强势IP，才能实现流量增加和变现。那么，在发展副业过程中，我们如何打造个人IP呢？

第一，打造内容矩阵，强化IP的核心竞争力。 想要做好自媒体，我们需要持续输出优质的内容，然后再打造相关领域的内容矩阵，自然可以提升IP的核心竞争力。

比如，房琪的内容矩阵涉及美景、人文、美食、地理等，这些内容在旅行视频中逐一展现，再加上渠道推广，自然就强化了个人IP价值。

第二，打造平台矩阵，并做好渠道引流。 每个平台都有活跃用户，我们可以在不同平台发布内容，强化对用户的吸引力。同时，利用各种方法做好各平台的引流，包括微博、微信公众号、线下渠道等。只有流量不断增加，账号权重才会越来越大。

第三，保持内容的原创性和独特性。 原创性就是独立完成内容的创造，避免内容重复、抄袭等。独特性就是具有个人特色，无论是内容还是创作方式、拍摄手法，都要与众不同。

第四，开启直播入口，加强与粉丝的互动。对于一些自媒体（尤其是视频类博主）来说，能直观、多方面地与粉丝交流，可以提升粉丝的黏性与满足感，进而强化IP竞争力。

知识点：

> 自媒体运营的关键，是打造具有专业性和核心竞争力的IP。想要打造IP，就要赋予账号以独特性，保障内容的优质和原创，且注重各大平台和渠道的引流。

2.直播副业，搭上粉丝经济的快车

当下，直播已经成为绝大部分人追捧的副业项目之一。

直播靠什么赚钱?当然是粉丝经济。在这种模式下,主播有了粉丝就有了流量,也就有了销售收入,实现流量变现。

目前,直播平台有很多,比如YY、斗鱼、虎牙、抖音、快手、淘宝、京东等。直播副业的模式还有很多,比如直播带货、直播游戏解说、直播表演、直播聊天等。直播将文字、声音、图像等元素融合在一起,真实、生动地展现人物或者物品,很容易吸引人的眼球,同时能缩短人与人之间的距离。

朋友小溪是一名办公室文员,喜好做美食、品美食,经常在城市的街头巷尾寻找可口的美食。短视频刚刚兴起时,小溪就开始拍短视频,既有自己做美食的过程、心得,也有到各类饭店享受美食的经历和感受。慢慢地,小溪的粉丝越积累越多,成为小有名气的"品客网红"。

休假和业余时间,小溪都在家做美食、拍视频,后来也尝试做直播。起初,她并不知道该怎么做,更不知道如何与粉丝交流和互动,只是碎碎念地介绍食材、如何翻炒、怎样注意火候等。因为她缺乏经验,对直播内容没有设计,所以直播效果并不好。

有一次,我看到了小溪的直播,不禁问道:"既然你打算做直播,为什么不把它当作一份副业来发展呢?好好地设

第三章 筛选副业，选择好的赚钱模式

计内容和流程，增加直播间的人气，提升个人收益。"

小溪想着自己那一成不变的收入，决定认真对待直播这件事。她先是观看知名主播的直播，汲取了经验，然后创作直播剧本并对其进行彩排。果然，小溪的直播间活跃了起来，不仅与粉丝的互动增多了，还吸引了大量新粉。

后来，小溪依旧没有放弃本职工作，每周直播3次，还偶尔给一些生产美食的店铺、厂家带货。现在，小溪的粉丝量已经达到100万，直播变现效果也大大提升。

在这里，我可以对小溪直播带货的成功经验进行总结：首先，选择适合自己的直播方向。小溪选择了自己擅长的美食制作、美食产品带货，把自己的专业、热情展示出来，自然能如虎添翼。

其次，创作直播剧本，提前彩排。对于直播，小溪没有随心所欲去做，而是用心设计、精益求精，不仅策划好开场白、产品展示环节，还注意与粉丝互动。所以，直播间的氛围越来越好，粉丝的黏性也越来越高。

再次，正确地介绍产品。直播带货时，小溪并没有"割粉丝韭菜"的心态，而是尽可能地挑选品质好的产品。比如，她为某店铺带的酸辣粉，在介绍产品时突出它的特性——酸

辣而不油腻，手工打粉，来自四川。直播时，她不是千篇一律地推销产品，而是多方面、多标签地展示产品，再真实地表达感受，进而吸引更多粉丝的目光。

最后，围绕美食展开话题。不论是制作美食还是寻访美食小店，抑或是带货，直播间的话题总能围绕着美食展开，如说一些做美食的有趣糗事、一些美食的典故，让粉丝讨论或者提出问题，还会奖励回答正确者一份小礼物。

副业赚钱攻略：

现实生活中，很多人看到"某某主播年收入过亿"的新闻后都蠢蠢欲动，产生了以直播为副业的想法，并想着一夜暴富。但是，我们需要知道，直播行业的门槛虽然不高，但是能脱颖而出、成为大主播却并不容易。

想要吸引更多的粉丝，让流量变现，我们需要审视自己是否有成为主播的潜力，能否吸引和把握住流量为自己创造红利。具体来说，需要做到以下几点：

第一，寻找自己精通的直播领域。直播内容是多元的，那些能拿到粉丝红利的大主播对于他所直播的领域都是精通的。比如，你想成为游戏主播，不是只会玩游戏就可以了，

第三章　筛选副业，选择好的赚钱模式

还需要精通游戏，能向粉丝展示非同寻常的操作，指导粉丝如何技巧性地通关。

第二，打造自己的形象，让自己有观众缘。粉丝的喜爱度，是你直播时长、能否变现的关键。所以，你需要根据自身情况来准确定位，或是可爱文静，或是幽默有趣，或是能歌善舞，或是性感妩媚，或是阳光有亲和力……不要模仿别人，而是展示出真实的自己，给人以舒适的感觉。

第三，做好内容和引流。想要直播有人观看，保持粉丝的黏性，就需要有好的内容——直播文案要做到有吸引力、有情感性、有悬念感、有互动性。文案还要简短、精练，突出展示自己的特色与优势。做好内容之后，将其发布在微博、微信、自媒体平台上，就可以更好地引流。

第四，直播时心态要好，把积极向上的心态与快乐的心情传递给粉丝。

知识点：

> 做好直播副业的关键性要素包括：选择正确的直播模式、创作高质量的内容、做好引流相关工作、拥有良好的心态。

3. 把写作变副业，就是把爱好变为财富

不论是过去还是现在，以写作为副业的人不在少数。尤其是知识付费、小说网文、公众号、知乎等平台火爆之后，有文字功底、专业知识的人都把写作当作副业，更有人在这一领域脱颖而出。

不过，想要把写作当作副业，我们不仅需要写出高价值的文字，更要选择适合自己的发布平台，让文章的价值以及自己的收益最大化。

李静是一名美容师，也是一名写作爱好者，时常将一些护肤知识、护肤技巧以及某些护肤品的优缺点发布在朋友圈、博客中。朋友们看到李静的分享，都觉得很实用，就给了点赞。

看着朋友们的点赞和留言，李静心生一个念头："现在

第三章 筛选副业，选择好的赚钱模式

短视频平台上有很多分享护肤、美妆知识和技巧的账号，它们都从中获得了红利，我为什么不把这些文章发布到自媒体平台上，通过点击率来赚钱呢？"

想到就开始做，李静对之前发过的几篇关于护肤知识和技巧的文章进行修改，将其发布在今日头条、百家号、知乎等平台上。由于她的文章文笔好、专业性强，且针对年轻人关注的护肤问题给出了有价值的建议，所以，文章的浏览量和点赞量都不低。

这给了李静很大的鼓舞，她开始认真对待这件事，一心想要将写作发展成副业。

李静马上申请了微信公众号，不仅发布护肤知识和护肤心得，还对一些护肤产品进行测评。因为公众号内容垂直，加之她的文笔十分流畅，她的微信公众号就得到了平台的推荐，能更加精准地吸粉，实现了快速、高效的转化。

对于李静来说，能够通过写作赚钱主要源于两方面：一是爱好写作。因为有兴趣的支撑，李静写出来的文字流畅、有灵魂，而不是枯燥无味、东拼西凑的。之后，李静的文字功底不断提升，有了较为明显的个人文章辨识度，给粉丝留下良好的印象。

二是能根据个人特长寻找赚钱的平台。我们可以写作的题材、领域有很多，写出专业性强、实用价值高的文章并发布在正确的平台上，就能实现变现目的。

这里要重点说明，我们要根据文章的定位和类型选择平台。发布平台的目标群体应当与文章的目标群体保持一致性，同时兼顾独立平台和综合性平台，让两者互动。就是说，李静可以先将文章发布到微信公众号（独立平台）上，之后再发布到小红书、知乎等综合性平台上，既能吸引目标群体，又可以扩大传播效果。

副业赚钱攻略：

副业经营者如何靠写作这门副业来赚钱呢？

第一，选择适合阅读的写作方式。 可以写网文小说，发布在起点、腾讯书城、晋江文学城等；可以给网站类投稿平台投稿，比如写手之家、小马稿件等；可以给微信公众号投稿，比如文案兼职平台、读书会等；可以在豆瓣、知乎等平台上发布文章；可以自己申请微信公众号、百家号等；也可以写软文，发布在综合性网站、专业性网站上。

第二，积累好的素材，写出高质量的文章。 对于写作来

第三章 筛选副业，选择好的赚钱模式

说，素材是第一位的。我们可以从热点中寻找话题，然后结合自己的专业领域来创作，保证文章干货满满，将读者的目光吸引过来，增加文章的点击量。

第三，明确文章的方向感。方向感，就是写文章的目的。明确方向之后，我们要从受众群体出发，细化文章内容、细节，然后选择文章类型——故事型、图片型，还是金句型。

第四，坚持写作，不断提升水平。写作不是什么难事，但是能坚持一年、两年甚至更长时间，肯定不是一件容易的事情。对于把写作当作副业的人来说，坚持是非常重要的，同时还需要不断提高写作水平，包括增强可读性、专业性。

第五，写作的同时还需要关注文字的转化率和变现能力。只靠点击率，是不能实现财富的快速增长的。我们需要巧妙地推软文、接广告，或者利用付费社群、带货来实现变现。

知识点：

> 写作副业变现的秘诀，是找到自己的风格（专长），再找到目标读者，持续输出有吸引力和高价值的文章。

4. 声音变现，新形式产生新红利

之前，人们想靠声音赚钱比较困难，无论是歌手、主持人、配音演员，还是相声、评书等行业都需要足够的专业，也需要有一定的天赋。

而现在，随着有声行业的发展，像喜马拉雅、网易云、蜻蜓 FM 等平台的出现，你经过一段时间的培训，也可以利用声音来赚钱。

更重要的是，有声行业的发展前景非常大。因此，我们在这个行业发展自己的副业也是不错的选择。

菲菲的主业是幼儿园教师，副业是喜马拉雅平台有声读物的配音员。

作为幼儿园教师，菲菲的声音甜美、温柔，发音标准、节奏明快，上课时很受小朋友喜欢。正是有了这个优势，菲菲接触到喜马拉雅的有声读物后，开始尝试给一些绘本、童话故事配音，然后发布到网络平台上。没想到，作品的点击量还不错，听众留言说自己的孩子很喜欢听菲菲读绘本。

这给了菲菲很大的鼓舞，她决心将其发展成副业。为了提高配音水平，她报了配音培训课程，在发音、气口、节奏等方面不断下功夫。配音水平有所提高后，她开始选择配音的方向——针对幼师从业经验，她选择了面向3～6岁儿童绘本故事。

除了发布在喜马拉雅平台上，菲菲还选择在绘本森林、好好听故事、考拉听伴等平台上发布自己的配音作品。

菲菲每天会利用睡前的1～2个小时录音，每天发布一个绘本故事，她不追求数量，而是重视高质量。随着各平台的粉丝不断累积，菲菲开始有了副业收益，有时一个月可以拿到四五千元。

人们对于声音是有需求的，声音变现也不是什么难事。事实上，我们在互联网上可以通过很多方式利用声音赚取额外收入。

第一，录制有声读物。现在有很多提供有声读物的专业平台，如喜马拉雅、懒人听书、网易听书、起点听书等。我们在这些平台上可以接配音任务，如小说、诗歌、视频、绘本等。只要你的声音足够动听，有粉丝愿意下载、打赏，你便可获得收益。你还可以直接在有声制作平台上接单，完成别人发布的任务。

第二，录制歌曲、翻唱歌曲。网易云音乐、全民 K 歌、QQ 音乐等平台以发布音乐作品为主，如果你喜欢音乐且有一副好嗓音，便可以在这些平台上发布作品，同时开通打赏功能。如果是原创作品，你还可以将其设置成收费歌曲，让听众付费下载或播放。

第三，为视频配音。除了录制有声读物外，我们还可为视频配音。我们可以通过浏览论坛、社交网站、社群找到这类配音工作，接受任务后再将配好音的视频发布在论坛和社交网站上，便可获得收入。当然，也可加入相关媒体公司，从公司那里获得订单。

第四，成为电台主播。如果你具有播音的技能，可以入驻蜻蜓 FM、喜马拉雅 FM 等平台开启自己的电台主播之路，不仅可以获得额外收入，还能实现自我价值与理想。

当然，发展这些副业时，只要你足够有实力、能吸引足够多的粉丝，还可以通过代理广告来获得更多收入。

副业赚钱攻略：

有声副业真的好做吗？我们怎样通过声音变现呢？

第一，提升个人技能，成为出色的声音工作者。这要求声音条件必须足够好，当然，声音甜美、优雅是必备条件之一，还要有特色，就是吐音准确而清晰，声调高低适中，能较好地掌握节奏感。

配音时，我们要精准把握角色的变化，因为小说、视频中的角色很多，且每个角色的性格、风格各异。根据角色的不同身份、情绪变化来调整自己的语速、音调、情感，才能录制出色的作品，吸引更多的人愿意付费听阅。

第二，选择适合作品的发布平台。目前，互联网上与音频相关的平台非常多，我们需要认真考察与分析，根据自身实际情况、打算录制作品的类型以及目标听众群体需求选择适合的发布平台。比如，录制的是有声绘本，却将其发布在音乐平台上，效果肯定不好。

第三，拥有专业的设备。既然想要发展音频副业，我们就需要认真对待，不怕付出成本。前期学习和练习时可以先用手机录制作品，正式录制后就需要购买录音设备，保证作

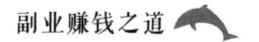

品的质量。

第四，不要轻信网络上推广的配音课程，否则可能赚不了钱还赔了本。

知识点：

> 声音变现＝出色作品＋优质平台＋接单技巧。

5. 社交电商，靠的就是"圈子"

在社会发展快节奏的今天，每个人的精力和时间都是有限的，更多的是通过社交软件来交流。于是，社交电商火爆起来，形成一种以社交关系为基础的电商形态。它以人为中心，通过用户分享、传播来形成口碑效应，进而激发消费需求，完成品牌推广、销售的目的。

当然，年轻人（尤其是90后、00后）热衷于线上社交和

第三章 筛选副业，选择好的赚钱模式

线上购物，所以即便短视频+直播带货不断发展，社交电商仍"魅力不减"。正是因为这样，越来越多的副业经营者一直想抓住这个风口。

前段时间和大学同学聚会，我问阿雅最近的工作怎么样。阿雅说她发展了一份副业，就是将微信、微博和淘宝作为平台，主要销售女性和儿童汉服。阿雅说，近些年汉服流行起来，群体消费力强、热情高，尤其是95后女孩要颜值有颜值、要经济实力有经济实力，是非常有潜力的消费群体。

我这才发现，阿雅当天也是穿着素雅的汉服，妆容精致，走起路来摇曳生姿。我疑惑地问："现在电商竞争这么激烈，你还把它当作副业，能赚到钱吗？"

阿雅笑着说："其实，社交电商靠的就是'圈子'。就拿微信来说，关键是获得朋友和粉丝的认可，同时看重产品能否与用户的需求相匹配。为确保汉服款式新、质量好，我专门找到有良好信誉的淘宝店主合作，利用朋友圈、微博为店铺引流，提高产品的转化率。虽然店铺里的汉服不算知名品牌，但是有强大的信任保证，而且服务到位，能满足消费者的需求。所以，我们实现了双赢，让大家都赚到了钱。"

阿雅侃侃而谈，表示自己并不满足于此。她看中了社交

电商和汉服的发展潜力，已经开了自己的淘宝店铺，在微博、微信、小红书等平台上引流和销售，且小有成绩。

其实，副业也算是一场自我营销，各社交平台就是我们营销的舞台。阿雅同学之所以能赚到钱，是因为她弄清楚了做好社交电商的关键影响因素。

其一，确定好平台和产品。对于刚开始做副业的新手，阿雅没有操之过急，而是寻找信誉好的淘宝店主与其合作，既节省了开支，又找到了合适的平台。

其二，选择能满足消费者需求的产品。因为阿雅也是一名汉服爱好者，时常参加圈子组织的活动，因此了解消费者的真正需求，通过内容创作可以让用户产生信任感。

其三，利用社群营销。阿雅还利用了社群的方式，比如组建微信群在群里互动、抽奖，或在汉服社区或微博上发布活动，将消费者引流到微信群、淘宝店铺，凡是参加活动的粉丝都可以领取××元代金券。

当然，社交电商的关键还在于"圈子"的打造。副业经营者是靠粉丝和朋友来消费产品或服务的，而销售的第一步就是让粉丝和朋友喜欢我们，看到我们的价值。

副业赚钱攻略：

如何打造自己的圈子，让社交价值更大化呢？副业经营者可以从四个方面入手：

第一，喜好。就是要关注目标群体所关心的、喜欢看的内容。如果我们每天发布的内容是目标群体不关心的，或者只是广告链接，推广就不会有效果。

第二，有料。发布的内容必须是干货，要让粉丝和朋友觉得有实用价值。比如，阿雅连汉服的基本知识都不了解，怎能让他人下单？想要让他人下单，或者吸引他人的注意力，我们要成为专业的人，能分享专业知识。

第三，有趣。发布的内容不能太枯燥，内容要求原创，有个性和幽默感。就算不推广产品，也可发布一些目标群体感兴趣的话题，如××古装剧如何，聊聊剧情、聊聊装扮。这样既能展现内容有趣的一面，又可形成互动，拉近与粉丝、朋友之间的关系。

第四，有品。发布的内容要有品位，不能过于高冷、辞藻华丽，更不能低俗。没有人喜欢低俗的内容，更没有人会在发布这样内容的平台上购物。

> 知识点：

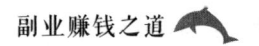

社交电商的核心＝平台＋产品＋流量转化。

6.在线教育，持续带来被动收入

在线教育，又称线上教育、远程教育，是依靠网络教学的教育模式。根据有关数据分析（2020年度），线上教育用户高达3.5亿人次，经济效益高达数千亿。随着5G的到来，增强现实（AR）、虚拟现实（VR）等技术在教育领域得到广泛应用，"互联网＋"教育迎来巨大变革，发展前景提升很大。

目前，网络上随处可见在线教育网站，让学生足不出户就能接受教育；直播课程、录播课程、视频连线互动学习，让教师直接面对学生，实现教育资源的充分共享；一对一在

第三章 筛选副业，选择好的赚钱模式

线家教，也实现了学生、教师的双赢。可以说，在线教育是顺应时代潮流发展的产物，如果副业经营者能够抓住风口，便可持续获得在线教育带来的被动收入。

方眉是一名在线教育的副业经营者，她的主业是某培训机构的古筝教师。因为生活在一线城市，每月虽然有上万元的收入，但只能满足房租、水电、刚需品采购等日常生活开销。如果她想积攒更多的钱用于结婚、买房，那么仅靠现在的收入是不可能实现的。

方眉原本想通过成立古筝工作室来提升收入，然而创业需要勇气，更需要资金、资源和人脉等关键性因素。最终，她选择发展副业，利用直播课程、录播课程的方式为学员讲述古筝知识和演奏技巧。

方眉根据初级学员的实际情况，录制了古筝基础常识、基础演奏方法、练习方法等课程，将其投放在腾讯课堂、学而思网校等在线教育平台，或者发布在抖音、快手、B站等视频平台。之后，她还开通了直播课程，直接面向有学习兴趣的学员，也设计了在线教育APP，出售相关课程。

积累了一定的人气与资源后，方眉开始搭建在线教育平台，进行课程和在线平台推广。因为她的课程符合学员的实

际情况，能提升学员的学习效果，加之她具有较高的专业技能、较好的语言表达能力，讲授内容通俗、有趣，很快就吸引了众多学员，获得了丰厚收入。

在线教育副业看似简单，但操作起来并不容易。副业经营者必须具备一项专业技能，如英语、PS、编程等都要精通，不论你具备哪一种都能深入浅出地传授给学员。同时，你还需要能够精通做网课的软件，掌握多种线上教育模式，如纯语言教学、用 PPT 课件教学、操作专业工具教学，这样才能在市场中站稳脚跟。

需要注意的是，要想发展在线教育副业，你需要考取相关证书，包括教师资格证和专业技能证。尤其是语文、数学、英语等专业性较强的课程，你必须有资格证书，否则无法加入一些在线教育平台。

最后，你必须平衡好主业与副业、副业与生活的关系，要有足够的时间来制作课程内容、直播课程、与学员互动；必须坚持经营，不可三天打鱼两天晒网。否则，即便你再专业、课程讲得再好，也无法吸引学员。

副业赚钱攻略：

想要发展在线教育副业，持续带来被动收入，副业经营者需要注意以下三点：

第一，打造鲜明的个人标签。大到成功的企业，小到粉丝百万的网红，无不对自己有着清晰的定位，形成了鲜明的个人标签。打造鲜明的个人标签，得到粉丝的关注和认同，才能迅速占领市场。

第二，确定课程的主要内容。课程是在线教育副业发展的前提，确定课程主要内容时必须找到重点，明确目标。比如，课程主要针对初学者、专业技能水平低的学员，要将重点放在基础知识、基本方法等方面，提高课程转化效率。

第三，注重与学员的互动。在线教育并非与学员面对面交流，所以，副业经营者需要加强与学员的互动，打造具有吸引力、高参与度的场景，让学员有如身临其境的感觉。对于录播课程，要及时回复学员的问题；直播课程时，要积极与学员互动，让学员从倾听者、观看者转变为参与者，提升学员的积极性。

> **知识点：**

> 发展在线教育副业必须具备三个条件：内容＋技能＋网校。所谓"网校"，是用户注册后可以登录、报名、学习的一体式平台。

7. 外包副业，利用强大的专业技能制胜

目前，IT外包、人力外包、财务外包等成为公司节流的一种发展趋势。

很多公司为了节省人力成本、管理成本，将以上项目以外包的形式分发出去。因此，承接项目外包也是一种不错的副业方向。比如，你掌握了软件设计或程序设计、人力资源管理或财会等专业技能，可以选择接手一些外包项目，给自己带来丰厚的收益。

第三章 筛选副业，选择好的赚钱模式

与其他副业相比，外包副业需要强大的专业技能加持，只要你技术过硬、时间充足，便可获得不菲的收入。比如，开发一个小程序或人事管理系统，便可拿到几万元收入；开发一个软件，甚至可以拿到十几万的报酬。

我认识一个程序员小董，在一家软件开发公司做程序开发与维护的工作。利用业余时间，他会接一些外包订单，包括商城类小程序、平台类小程序、人事管理系统以及程序测试与维护等内容。

小程序的开发比较复杂，但是大部分小程序具有共性，掌握技巧与规律便可降低整体开发成本。小董选择小程序外包订单时，通常会登录正规的平台，比如码市、开源众包等。这些平台客源充足，价格比较公道，一款小程序可以获得3000～5000元的收入。程序测试与维护是一项长期工作，需要定时测试与优化，但收益也是比较丰厚的。

对于小董来说，接外包订单不仅可以获得收益，还可以磨炼技能。他仔细挑选项目与客户，对待客户的需求尽可能提升服务质量，既保证了口碑，也积累了不少老客户。这些老客户出于信任，还为他介绍了不少新客户，让小董的收入呈现稳步上升的趋势。

不过，小董并没有扩大业务数量的打算，因为他知道主业发展也是重要的，自己需要休息、生活。如果只想着赚钱而让自己疲于应付，进而降低了生活质量，那副业就失去了其原本的意义。

对于具有专业技能的副业经营者来说，从事外包副业是个不错的选择。但是，外包副业有一定的不确定性，副业经营者就不能盲目跟风，需要思考这个副业是不是适合自己；要选择好订单渠道，避免遇到不靠谱的甲方；不要贪心，胡乱接一些自己无法完成的订单。

如果盲目跟风，不能平衡主业与副业之间的关系，便可能进退两难；如果选择的渠道不好，好不容易接到一个订单，却遇到甲方不及时付款的情况；如果为了高报酬而胡乱接单，无法高质量地完成任务，不仅会造成经济损失，还会影响口碑，导致副业发展之路不畅。

副业赚钱攻略：

想要发展外包副业并获得丰厚收益，不是一件容易的事。那么，如何才能做好外包副业呢？

第一，增强个人专业技能，提升项目服务质量。副业经营者不仅要接适合自己的订单，还要不断增强业务能力，提升项目质量，保证产品的稳定性和创新性。

第二，最好是接团队订单和公司订单，少接个人订单。个人订单一般数量不多、价格不高，还可能出现压价、延迟付款等问题。团队订单和公司订单一般数量比较多，价格符合市场规律，且能建立稳定的合作关系。

第三，最好不要接转包的订单。这会导致价格被压低，后续会出现诸多难以预料的问题，如责任承担、后期维护等。

第四，最好是集中在某个细分领域，专做某个方面的订单。做小程序开发，就只做小程序开发；做代理记账，就专注于代理记账。只有做到专一、细分，才能在某个领域打出知名度，赢得优势。

知识点：

> 发展外包副业时，我们必须加强和固定三大优势：技能优势、客源优势和专一优势。

8. 小地摊也有大商机

摆地摊是一种传统的副业模式，也是一种永不过时的副业模式。卖衣服、卖美食、卖水果、卖儿童玩具、手机贴膜……街头巷尾、夜市流行着各式各样的地摊文化，深受年轻人的喜爱。摆地摊也成为不少人发展副业的选择，还有人因为摆地摊赚取了一大笔财富。

周末和朋友到本市一处知名夜市闲逛，我发现夜市里众多摊位井然有序地排列着，来来往往的人在不同的摊位前驻足。有几家摊位最为火爆，挤满了排队等候的客人。

其中一个摊位是街头芝士汉堡。摊主是两个年轻人小青和莉莉，加上装饰时尚的餐车、高品质的食材，吸引了很多年轻人来满足口欲，还有很多人是专门慕名前来打卡的。

小青和莉莉表示，虽然她们是摆地摊的，但是不追求便宜，而是追求新鲜＋品质——肉饼是纯牛肉做的，辅料有烤过的菠萝片、大片的芝士和酸黄瓜，汉堡皮也是某知名品牌的产品，软绵、低热量。

小青说起自己之前做的是大众汉堡，用鸡肉、黄瓜、西红柿做原料，虽然价格便宜，但根本吸引不了多少人，一个晚上的销售额只有一两百元，有时更少。现在，每个晚上的销售额有两三千元，而且客源稳定，吃过的人都是好评连连。

另一个摊位，是一个穿着青蛙玩偶服的年轻人在卖青蛙气球。青蛙玩偶服呆萌可爱，手里拿着一串青蛙气球，地上还写着一行文字："实在无奈，只能卖崽崽讨生活啦……"每当有人来买青蛙气球，他便做出伤心的模样，依依不舍地与小青蛙告别。这样有趣的销售方式，吸引了很多小孩子、学生来光顾。

我与对方交谈了一番，摊主说："我的工作比较清闲，晚上有大把的业余时间，几年前就开始摆摊搞副业，卖过袜子、鞋子，也卖过儿童玩具，生意都很一般。最近在网上看到青蛙卖崽的视频，我觉得这是个不错的创意，便开始尝试模仿。没想到，生意还真的不错，每天都供不应求。"

摆地摊需要考虑很多因素，比如选品、场地、人流等，说到底，产品是重中之重。想要赚钱，我们必须选好品：一是重视产品质量，不能只以廉价吸引人，这样无法走得长远；二是产品与众不同，或是产品的品质与众不同，或是产品有创意。吸引消费者来到你的摊位并且买到了好的产品，才能给你带来更多的经济效益。

摊位选址也非常重要。如果不是集中摆摊的夜市，我们需要选择客流量大的地方（有关部门允许的）摆摊。客流量大不代表人多，即便是人多，如果人们都是匆匆路过，对于我们来说也是没有意义的。比如，你卖儿童玩具最好选择在学校附近，而不是人流量大的地铁口。

当然，若要我们所摆地摊能吸引他人的注意，就需要在摊位上融入一些创新元素。比如摆夜市摊时，最好加入五彩灯光元素；展示产品时，要设置一定的主题，根据主题设计造型、摊位名牌。只有考虑到产品类别与目标客户的需求，才能获得好的效果。

副业赚钱攻略：

副业经营者如何利用地摊文化来产生经济效益呢？

第一，必须对目标客户有所了解。很多时候，不是货好、地址选得好，我们就一定能卖得好。我们必须先分析消费者的需求，摸透消费者的心理，激发其购买欲。

第二，某样东西越稀少，它对人的吸引力就越强。摆摊时，我们可以运用"数量有限"策略，给消费者施加一些精神压力，让他迅速做出购买的决定。

当然，这不意味着欺骗——明明有货，却宣称只有最后几件。一旦让消费者发现你说谎，结果是非常糟糕的。

第三，一些消费者时常在购买某件商品前举棋不定，在对商品不是很了解的情况下更是如此。我们需要尽快打消他们的顾虑，利用从众心理刺激其购买。

比如，你可以对消费者说："你看那么多人都买了，反响很不错。""这位美女是回头客，你可以问问她，我们的产品是不是好用。"有了跟随的对象，消费者往往就会痛快地购买了。

第四，激发消费者的好奇心。比如，卖"青蛙崽崽"的摊主就是出奇制胜，让消费者产生共情心，心甘情愿地购买。

当然，引起消费者的好奇心理必须与产品有关，是合情合理的。如果消费者发现摊主所玩的把戏与销售活动完全无关，可能会立即转移视线。

知识点：

> 摆地摊看似简单，但是里面有很多学问。想要发展副业的新手需要好好做功课，搞定货源、选址是前提，更要研究目标消费群体的喜好、需求和心理。

第四章

拟订计划,规划自己的副业蓝图

成功的副业经营者不会盲目行动,而是会制订科学合理、可行性强、目标清晰、内容翔实的计划,然后按部就班地去执行。

基于此,副业经营者要尽最大努力做正确的事,确保自己的选择正确、合理,这样自然能够提高行动效率和成功概率。

1. 科学地定义自己的副业目标

想要更好地发展副业,需要科学地定义自己的副业目标。如果没有科学目标的指引,想法再好也是没有根基的,项目再好也很难坚持下去,无法产生复利的效果。

目标明确且科学,能够为我们的副业发展指引方向,只要自己持续努力,定会有所成就。

事实上,哈佛大学早在几十年前所做的调查就已说明了一切:拥有明确、长远目标的人,才能取得事业成功、赢得美满人生;目标模糊或没有目标的人,只能过着平淡的生活,甚至生活、工作都会一塌糊涂。

阮琦是一名职场宝妈,在女儿上幼儿园后,为缓解经济压力,她打算发展一份副业。做什么事情既能兼顾主业,又能照顾好孩子呢?经过一番思考,她决定开一家卖儿童毛线

第四章 拟订计划，规划自己的副业蓝图

衣服、鞋帽的网店，这是她受了姑妈的启发。她的姑妈在本市开了一家卖毛线的小店铺，也会为顾客编织一些衣服、鞋子、帽子，因为手艺好、款式漂亮，很受宝妈的欢迎。

开网店之前，阮琦给自己定下了以下目标：3个月内客源稳定，实现盈利；1年内扩大店铺规模，雇用手艺好的阿姨来编织；3年内组建专业的编织团队、运营团队，将店铺发展成专营店。

定下目标后，阮琦就有条不紊地执行起来。一开始，姑妈主要负责编织服装、鞋帽、小饰品，阮琦负责运营，女儿来做模特。很快，小店就做起来了，业绩非常不错。

后来，店铺的订单越来越多，已有产品不能满足客户的需求，阮琦便雇用了3名手艺好的阿姨，还找人设计更新颖的款式，力求满足宝妈的需求。她还积极与一些童装生产工厂合作，销售一些外贸原单童装。3年后，阮琦实现了自己的目标，将小店经营成一家专门销售儿童服装的精品店，每月利润达到3万多元。

现在，阮琦的副业做得很成功，比主业赚的多很多。阮琦感叹地说："若是我当时没有设定一个明确的目标，或许现在也只是赚点零花钱，根本无法取得这样大的成功。"

没错，科学合理的副业目标是非常有必要的。有了目标，我们的努力才有方向，复利思维才能产生更大的价值。

当然，制定副业目标并不是一件容易的事情。很多时候，一些副业经营者也制定了目标："我要做副业""我要赚钱"……然而，这些目标与我们小时候说的"我长大后要当宇航员""我要成为科学家"有什么区别呢？目标不具体、不具有可衡量性，又怎能轻易实现呢？这样的目标几乎没有指导性，过不了多久，就会让我们忘得一干二净。

副业赚钱攻略：

副业经营者要如何科学地定义自己的副业目标？答案是，要遵循 SMART 原则。

SMART 原则，即目标要具体明确（specific），具有可衡量性（measurable）和可实现性（achievable），要与其他目标具有关联性（result-based），以及要有一个明确的时间限制（time-limited）。

第一，目标必须是明确、具体的。模糊的目标，操作性不强，让人无从下手。所以，确定副业目标时不要只说"我要做社交电商"，而是说"我要做面向宝妈的、出售婴幼儿毛线编织产品的社交电商"。明确规定副业的产品类型、目标人群，才是好的目标。

第二，目标必须是可衡量的。如果目标没有办法衡量，就无法判断它是否实现了。所以，我们要明确指标是数量化或行为化的，并且验证这些指标的数据或信息是可以获取的。比如，阮琦明确要在淘宝或京东开网店，明确3年内要实现组建专业的编织团队、运营团队，将店铺发展成专营店的目标。有了这个可衡量的标准，她的副业之路才会变得清晰可循。

第三，目标必须是通过努力才可以实现的。科学合理的目标可以实现，不能超过自己的能力，更不能遥不可及。比如，你想以写作为副业，出版可以，但目标是"编剧拍电视"就有些不切实际了。

第四，要实现的目标必须与其他目标有关联。目标分为大目标、小目标、阶段目标，那么我们要实现的小目标必须与大目标相关联，阶段目标必须指向整体目标。如果目标之间没有关联性，这个目标对于副业发展就没有任何意义了。

第五，目标必须有时间限制。时间限制包括具体的开始时间和截止时间。比如，阮琦的目标是3个月内、1年内、3年内……有明确的时间限制，便可激励自己不断行动。

当然，时间限制应该合理，不能太长也不能太短，太长或太短都不利于目标的实现。

知识点：

> 科学合理的副业目标必须具备五要素：具体明确、可衡量性、可实现性、与其他目标相关联以及有明确的时间限制。

2. 做好分析和调研，让副业目标落地

确定好副业目标之后，副业经营者需要思考如何让自己的副业目标落地，一步步地实现。这就需要我们做好分析和调研，获取第一手资料。

之前，我们已经给副业选项拍过快照，选择了适合自己的副业项目，现在需要评估副业的可行性。它包括：实现这

第四章　拟订计划，规划自己的副业蓝图

个目标需要经历几个阶段，每个阶段可能遇到哪些问题与困难，如何解决这些问题和困难，个人的哪些知识、技能、优势对副业有更大的帮助，对于发展这份副业需要规避什么样的陷阱，有哪些成果，等等。

之前在短视频平台上看到过一名推销家乡特产的博主，他是来自西北的小伙子大飞。

大飞是一家公司的普通职员，看到很多拍摄乡村生活的博主利用镜头展现了家乡的乡土风俗，同时也获得了丰厚的经济效益，还带动了家乡经济的发展，他也萌生了发展副业的想法——通过短视频展现家乡风光，利用直播方式销售家乡特产。

大飞确定的副业目标是：利用短视频和直播方式，在获得额外经济收入的同时，也把家乡特产推向全国各地。确定好副业目标后，他开始评估发展副业的可行性，并从时间成本、掌握拍视频技能的难度、如何运营短视频、家乡特产的受欢迎程度、快递的运输成本等方面进行具体分析。

通过全面分析，大飞认为凭借自己的能力可以做好这件事，达到副业目标。接着，他想办法获取一切有关拍摄短视频和直播带货这一副业的详细信息，包括阅读专业性书籍、

网上查阅成功案例、报相关培训班等。

大飞还通过朋友介绍认识了一名乡村博主,对他进行了深刻"访谈",了解到自己最关心的几个问题,包括如何进行选题策划,如何让自己的账号热起来,如何实现流量变现,以及如何正确地展示产品等关键性知识。

做好分析和调研之后,大飞拟订了详细、可行的计划,开始投入自己的副业之中……

事实上,很多人都是渴望发展副业的,且确定了较为合理的副业目标,但是由于没有进行可行性分析、没有进行科学有效的调研,做了几天后就觉得副业项目太难了,便放弃了;或是行动了,也坚持了,却未能实现目标。

对副业进行可行性分析和详细调研是非常有必要的,它是一个思考的过程、分析的过程,也是理论联系实际的过程。这不仅有利于我们了解副业的真实状况,还可以让我们深入挖掘副业特质,让副业目标真正落地,而不是停留在"一个想法"之上。

副业赚钱攻略：

副业经营者对副业项目进行可行性分析和调研时需要注意哪些要点呢？如何才能做好分析和调研呢？

第一，弄清副业目标是什么，确定目标是可行的、准确的、科学且合理的。如果目标不具有以上特征，那么分析和调研就没有意义了。即便你的副业具有可行性，但是目标模糊，也没有办法真正落地。

第二，采用科学的调研方式，找到合适的调研对象。调研副业项目时，要选择科学合理的调研方式，多渠道进行，收集必要的专业性信息。寻找调研对象时，要针对专业人士、成功人士、值得信赖的人，这样才能获得真实、有效的信息。

第三，调研时要事先做好准备，提出关键性问题。不论是视频对话还是面对面提问，都需要问到点上、问得深刻，而不是漫无目的地提出泛泛问题。

第四，结合自身情况，分析所获取的信息和资料，筛选出对自己有价值、能帮助自己的东西。

> **知识点：**
>
> 与制定副业目标相比，让副业目标真正落地才是更重要的。

3. 明确副业经营的几个阶段

大部分做副业的人都将经历几个阶段，如从谋划、三分钟热度，到坚持、自我怀疑，再到步入正轨，最后进入衰退期。

在不同阶段，副业经营者的心理状态、行为表现是不同的，当然，不同的心态和行为表现呈现出的结果也截然不同。

有的副业经营者可能心态消极，热情消退后便打起退堂鼓，直接就退出了副业经营之路。有的副业经营者可能心态积极，确定了目标后便积极行动、热情满满，且有耐心、有

第四章 拟订计划，规划自己的副业蓝图

毅力，很快就让副业步入正轨，持续获得收益。

因此，如果副业经营者能做好整体规划，根据自身能力、副业发展状况预测什么时候将步入下一阶段，然后调整好心态解决发现的问题，他的副业便可得到长足发展。

我认识一位房地产销售员大齐，他的副业发展便经历了谋划、坚持、自我怀疑、步入正轨、衰退几个阶段。

大齐做的副业是推广销售培训视频课程。一开始，他看到销售培训课程非常火，便想试一试。他虽有丰富的销售经验，但是他的主业收入并没有很大的突破，他便想利用知识和技能来改变一下现状。

大齐不是想想就算了，而是做好了详细计划，包括如何寻找销售渠道，如何录制视频课程，什么时候可以拿到第一笔收入，3个月内实现什么样的目标，等等。他预测自己遇到问题后可能会产生退意，因此，他先制定了一些容易实现的小目标，在制订计划时也会进行自我激励——拿到第一笔收入后就小小奖励一下自己，增强自信心。

果然，如大齐预料的一样，课程销售并不理想。新鲜感褪去，加之业绩并不算好，大齐便产生了疲惫感。他立即运用以上方式激励自己，不断暗示自己要坚持下去。

为了更好地坚持下去，大齐又谋划着下一步该怎么走下去——他制定了阶段目标和可视化愿景板，让自己的行动变得透明、清晰，并不断反思和复盘，分析上一阶段出现的问题和做对的事情。有了这种心态，大齐始终坚持行动，向着目标不断前进。

可是，大齐做的副业坚持了6个月后，收益并没有明显提升，依旧维持在每月一两千元。大齐不禁开始自我怀疑——怀疑自己的选择是否正确，怀疑自己是否适合发展副业。

那段时间，大齐很是焦虑，导致他的身体和精神很是疲惫。他知道自己不能这样继续下去了，如果不能打破自我怀疑的怪圈，他的副业之路只能就此结束了。

大齐咨询了身边副业发展得很好的一些朋友，向他们请教成功经验。同时，他再次反思和复盘，确保目标和前进方向的正确性。稳定好情绪后，他继续向前走，很快就步入了正轨，收入稳步提升，自身也越来越轻松自如。

然而，大齐并未真正轻松下来，他知道到了这个阶段，副业发展很可能就要进入衰退期。为了让这阶段不早早到来，大齐不断思考创新模式，优化课程质量，提升个人竞争力。

可见，大齐是一名非常出色的副业经营者，在发展副业之前便做好了谋划，并且在副业经营过程中明确自身所处的

第四章　拟订计划，规划自己的副业蓝图

阶段，积极解决遇到的问题，为下一阶段的到来做好心理准备。正因如此，他顺利地度过了三分钟热度、自我怀疑阶段，让自己的副业逐渐走上正轨。

这也告诉我们，经营副业时不能走一步看一步、糊里糊涂地做事。了解副业发展的阶段，明确自己处于哪个阶段，这样才能有条不紊地做事，在正确的时间做正确的事，进而得到好的结果。

副业赚钱攻略：

在副业发展的各个阶段，副业经营者应该怎样做才能更好地促进副业发展呢？

第一，在谋划阶段要谨慎和理性。 做到合理计划、心态稳健、行动果断，不能过度观望、犹豫不决，当然也不能盲目行动。

第二，在三分钟热度阶段，要对副业有一个美好的设想。 平衡自己的时间和精力，同时不断给予自己正面激励；不要增加任务难度，不要给自己太多的压力；要提升自我效能感，激发行为动机。

**第三，在坚持阶段，不要硬着头皮坚持，而是要做到坚持有方。学会拆分目标，把大目标拆分为几个小目标，降低实施难度；加强自律，督促自己不断前进；同时奖励自己的坚持。

第四，在自我怀疑阶段，要进行反思和复盘。坚定自己的目标和理想，要树立一个榜样，用榜样的力量激励自己；寻找亲人或朋友帮忙，让他们以旁观者的身份客观地评价自己，指出自己的优势与劣势；聚焦关键问题，专注于某一问题。

第五，步入正轨阶段，不断改变思维和行为。提升自身竞争力，避免自我感觉良好心态，避免随心所欲。

第六，在衰退阶段，不轻易放弃原本的机会，尽可能地让副业发展得更长远一些。复盘整个副业发展过程，总结经验教训；寻找新的机会，进行新的尝试。

知识点：

> 并不是所有人的副业发展之路一定要经历以上阶段，但是你必须明确自己处于哪个阶段，正确认识自己和这一阶段的真实状况，解决当前阶段的问题，预测和规划下一阶段的发展，才不会让自己的副业半途而废。

4. 分析个人优势,也要分析环境优势

规划自己的副业发展路线与前景时,我们首先需要精准定位副业项目,选择适合自己且有发展前景的项目,同时思考如何通过副业项目获得更多的收入。

定位副业项目之前,我们需要分析个人优势和环境优势。对于每个副业经营者来说,在自己真正擅长的领域深耕,才能不断精进且永葆核心竞争力,最终利用所选择的副业获取更丰厚的收益。

2001 年,刘明在北京创立了东明成功人生心理咨询中心。他之所以创办心理咨询中心,是因为自己具有丰富的医科大学心理学任教经验,加之当时心理咨询行业刚刚兴起,具有非常大的市场和发展前景——人们对于心理问题的关注度不断提升,开始了解和接受心理咨询服务。

一开始，刘明需要自己摸索着做事，整个咨询中心只有他一个咨询师，业务发展得并不是很顺利。但是没过几年，心理咨询业在全国骤然火爆，东明成功人生心理咨询中心也迎来了光明期，业务发展得非常快，咨询师队伍不断扩大，客户量和收入快速增长。之后，心理咨询的业务内容和业务对象发生了变化，由最初的心理障碍患者和低收入人群的心理障碍咨询，发展成为高收入人群（包括社会知名人士）的心理健康咨询。几年下来，该中心咨询案例累计有数千个，收益也达到一个可观的数字。

东明成功人生心理咨询中心曾成为心理咨询领域的佼佼者，在行业和社会层面得到了广泛认可。

从刘明的创业经历中，我们可以看到：第一，分析个人优势可以让我们尽快进入状态，做正确的事情。很多时候，一些副业经营者正是因为忽略了对个人优势的剖析，无法专注而开心地做事，感觉自己的付出与收入不成正比。第二，分析环境优势可以让我们得到成倍的收获。即便你的个人优势很强，也付出了很多努力，但是缺乏与之匹配的生存环境，结果恐怕也会很糟糕。

当时，刘明不能保证心理咨询一定会火爆，但是在选择这个行业前他做到了一点：充分分析个人优势（医科大学心理学任教多年的经验）和环境优势（新兴产业，有非常好的发展前景）。之后，他下定决心要做第一个吃螃蟹的人，并且及时根据行业走向改变运营方向，所以才迅速占有了属于自己的市场。

因此，不论是发展副业还是创业，我们都需要根据自身优势和环境优势来精准定位。当然，这需要我们转变思维，正确认识自己，有超前的眼光和敢做的精神。

副业赚钱攻略：

分析个人优势和环境优势时，我们需要注意以下几个问题：

第一，从知识储备、个人技能、时间与精力三方面分析个人优势。 我们需要优先分析自己在哪个领域的知识储备比较多，是哪一方面的专家，或者从事哪种相关工作。之后，分析相关专业或领域的个人技能，考虑该技能适合哪一方面的副业。

当然，除了专业性技能外，我们还可以从兴趣爱好等方面来分析自己的知识储备和技能，挖掘具有优势和竞争力的

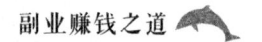

一个或几个方面,从中选出适合自己的副业。

我们还需要分析自己的主业工作时间和业余时间、主业工作强度和副业工作强度,然后根据自己的时间和精力决定从事哪一类副业。如果主业和副业的工作时间长、工作强度大,那么不仅可能主业和副业都经营不好,还可能影响身体健康。

第二, 从大环境和产业发展环境角度来分析环境优势。在大环境中,某些新兴产业处于发展或爆发阶段,如 5G 产业、直播产业,我们便可抓住这一流行趋势和变现风口。

不过,即便某个新兴产业或项目发展的势头不错,我们也需要分析其发展前景。如果前景不好或者存在诸多隐患,我们不要贸然进入。如果某个传统行业寻求突破,重新焕发出生命力,具有较好的发展潜力,我们也需要抓住机会。

知识点:

> 无论做什么副业项目,发现个人优势和环境优势并运用到极致,在自己真正擅长的领域深耕,才是加速成功的正确逻辑。

5.目标倒推法：副业成功的利器

很多副业经营者虽然制定了科学合理的副业目标，却不知道如何执行，不知道该先做什么事情，也不知道做这件事情需要花费多少时间。这时，我们可以利用目标倒推法，让目标变得更清晰、更具有条理性。

所谓目标倒推法，就是从结果出发，倒推制定阶段性目标和行动计划。

比如，你想在一年内写完120篇文章，那么你需要明确一个季度完成30篇，一个月完成10篇，再倒推，那就是一周需要完成2～3篇。你看，倒推着算出每月、每周、每天需要做的事情，再从第一天开始按部就班地执行，整个目标的实现就不是困难的事情了。

曾经看过一个女孩的励志故事：女孩在一家实验室工作，

从小就怀揣着音乐梦想。为了实现这个梦想,她将所有的业余时间和精力都投入到音乐创作上。一天,朋友邀请她到乡下的牧场参观,朋友还问了一个问题:"你是否想过5年后做什么?你希望自己5年后的生活是什么样子的?你有什么目标和计划吗?"

女孩仔细想了一下后,说:"5年后,我希望自己能发行一张唱片,在市场上得到许多人的喜欢和肯定。同时,我希望自己住在一个充满音乐的地方,每天能和世界一流的音乐家共同工作。"

听了女孩的目标,朋友很是高兴,接着开始运用倒推法分解女孩的目标:如果你第5年要发行一张唱片,第4年就需要和一家唱片公司签约;如果你第4年要和唱片公司签约,第3年就需要录制出一首出色的作品,送给很多唱片公司试听;如果你想在第3年录制出作品,第2年就需要创作出很棒的作品,并开始录音;如果想要在第2年创作出作品,你需要在第1年就开始收集素材、设计初稿、编曲,并且排练所创作的编曲……接下来,在第1个月,你需要确定自己想创作什么类型的曲子……

听了朋友的话,女孩顿时眼前一亮。于是,她开始根据目标按部就班地执行所制订的计划。经过5年时间,她实现

第四章 拟订计划，规划自己的副业蓝图

了自己的梦想——在市场上发行了一张畅销的唱片，与一些有名的音乐家一起工作。

很多时候，不是我们的目标太远大、太难实现了，而是行动的步骤和路线不太明确，使得我们无法真正明确自己该如何去执行。所以，我们需要分解目标。

目标倒推法就是从结果出发，将大目标、长远目标进行纵向分解，分解成多个子目标、阶段性目标，明确实现目标的步骤，然后明确每个阶段的工作量和工作任务。

从时间上说，就是按照完成整体目标所需的时间，把整体目标分为年目标、季度目标、周目标和日目标，确定好每日、每周、每月、每年需要完成的任务。

只要目标拆分是合理的，安排的小目标与大目标直接相关，明确每个阶段应该做的重要的事情，并且全力以赴、持之以恒，那么结果就是好的。

副业赚钱攻略：

用目标倒推法分解副业目标，同时对自己的行动进行规划，可以让我们的做事效率翻番，达到副业目标。那么，采

取目标倒推法时,我们需要注意哪些问题呢?

第一,目标必须清晰、明确。只有设定出清晰、明确的目标,从结果往前倒推时才能一步步找出达到目标的关键性事件,进而确定阶段性目标的内容以及该阶段应该做的事情。如果整体目标不明确,往前倒推时,方向就会出现偏差,规划就会出现问题。

第二,目标分解要充分、完全。分解目标时,我们需要把整体目标想象成一棵倒立的大树,从树根到树干,从树干到树枝,从树枝到树杈,从树杈再到树叶,不断地分解。分解得越充分、完全,目标的脉络越清晰,越有利于我们行动。

第三,阶段性目标要与整体目标保持一致。分解的阶段性目标,比如季度目标、月目标要与年目标在内容和时间上保持一致,做到同步发展、协调一致。

为保持一致性,我们可以设置阶段性目标的检查点,如与整体目标直接相关的事件,或者阶段内具有里程碑意义的节点。

第四,保证在时间期限内高效完成任务。在这个过程中,我们需要衡量每天的进度、检查每天的成果,在达到目标后进行复盘,审查自己的行动是否出现问题以及保证路线正确。

> **知识点：**
>
> 倒推法，是达到目标的利器。从结果出发，倒推每一步该怎么办，这可以让我们的副业目标更具条理性，也可让我们的行动更加有条不紊。

6. 短期 or 长期，哪种是你的选择

每个人发展副业的目的不同，这也导致他们对于副业发展的规划有所不同。如果做副业是为了兴趣爱好来赚点儿零花钱，不打算长期做下去，那么就应该进行短期规划；如果做副业是为了重建收入模式，实现财富自由或实现自我价值，那么就应当进行长期规划。

所以，描绘副业前景时，大家需要先弄清楚一个问题：我发展这个副业是准备暂时过渡，还是长期经营？

知名新媒体写作教师弗兰克原来是一家企业的项目经理，工作稳定，生活惬意。30岁时，他发现自己在职场中的竞争力越来越弱，如果不做出改变，迟早面临被淘汰的危机。

于是，弗兰克开始审视自己，寻找突破的机会。一天，他接触到逻辑思维社区活动，便开始利用项目管理技能在社群中寻找机会。一开始，他会为一些企业、个人筹划线下活动，但是收获并不大，且对于未来事业发展以及扭转职业劣势没有太大的帮助。

接下来，弗兰克便放弃了线下活动，开始重点发展线上业务——线上活动分享。之后，这一业务也因种种原因而放弃。不过，他并没有放弃发展副业。经过一年多的实践，他认为想要改变现状，需要提升自己的竞争力。

弗兰克从零开始学写作，研究如何写作新媒体文章、如何写出爆款文章。果然，努力就有收获。他在微信公众号上发表的文章很受读者欢迎，每个月的赞赏收入不断增加。

取得成功后，弗兰克又开启新的创业模式——指导别人写作，并在微信公众号上发出写作教学邀请，招揽了不少学员。后来，他辞去主业，全职做自媒体营销。再后来，他出版了新媒体写作图书，上市不久就获得了非常好的业绩。现

第四章 拟订计划，规划自己的副业蓝图

在，他已经成为众人皆知的自媒体红人，实现了自我价值。

可以看出，长期经营副业是弗兰克所选择的。个人职业遇到困境，他对未来的发展前景感到迷茫，所以要寻找新的发展和突破。

正因如此，弗兰克对于副业的规划是长远的——当线下策划活动没有效果和收益时，他开始寻找新的机会；当决定在新媒体写作方面寻求突破时，他从零开始学习写作，并制定了阶段性目标——"写100篇文章收获××元"。当有所收获和获取经验后，他便开始教别人写作，完成了角色和副业模式的转变。

副业赚钱攻略：

关于短期过渡的副业和长期经营的副业，对于副业经营者来说应该如何规划呢？

第一，短期从事副业也需要有规划，只是规划比较简单，不必过多思考副业的前景。

举个例子，你是刚进入职场的大学毕业生，想买辆代步车（需要支付首付款）又不想向父母要钱，于是想兼职送外卖来攒钱。此时，你需要规划做副业的时间，比如做一年时间的兼职外卖员，每天利用下班后的时间、周末跑订单，每周能赚到××元就够。你要明白主业是重要的，不能因为副业耽误了主业。

第二，长期从事副业需要科学合理的规划，需要考虑副业项目的发展前景和在该领域的竞争力，以及该副业对于自己的职业规划和人生规划有何影响。

首先，选择副业时不能选择门槛太低的，即人人都可从事的副业，否则可能得不到回报，更无法实现自己的目标。

其次，既然我们打算长期做这份副业，就应当把它当作事业来做，选择具有发展前景和一定稳定性的副业。

最后，对长期副业进行规划时，我们需要分析副业的难度和自身的优劣势，然后根据这两点制定切实可行的整体目标和阶段性目标，用它们来指导之后的行动。

知识点：

> 选择副业前，我们要明确副业是长期经营还是暂时过渡，这样才有利于进行定位与规划。

7. 主业与副业，找到平衡点是关键

发展副业是一件好事，我们需要将它当成一件重要的事情去做，认真负责，全力以赴。

不过，发展副业时还需要弄清楚主业与副业之间的关系，不能急着发展副业就随意放弃了自己的主业。

如果没有办法分清主次，找不到主业与副业之间的平衡点，那么就会出现以下两种情况：一是主业被耽搁，副业也没有做起来；二是副业虽然赚到了钱，但是影响了主业发展，甚至影响了自己的职业规划和人生规划。

李军是一家公司的营销策划组长，副业是视频剪辑师，平时经常接一些时间紧迫、要求比较高的订单。这样一来，两三天内要交订单的，李军需要加班加点剪视频，有时甚至工作到凌晨两三点。如果哪一天本职工作没有完成，或者某

个策划文案被老板催得紧,李军就需要通宵完成主业和副业的工作。

每个人的精力都是有限的,长时间熬夜自然会导致精神不佳、大脑迟钝,从而无法高效、高质量地完成工作。这半年以来,李军的工作状态很不好,多项工作出现差错,以至于本属于他的升职机会也落到了竞争对手手里。

在一次因为副业连续3天工作到凌晨后,李军的本职工作又出现了差错,差一点儿害得公司丢了一个大客户。老板非常生气,将李军痛批一顿,并表示:"不要以为我不知道你在搞副业!我无权干涉你的下班时间,但是你必须明白:搞副业赚钱可以,前提是做好本职工作。你看看你这半年的工作状态怎样,工作业绩又怎样……如果你实在想搞副业,又不能平衡两者的关系,我劝你趁早辞职……"

李军就是无法平衡主业与副业关系的典型。显然,李军在副业上花费太多的时间和精力而耽误了主业,如果他不能及时调整,结果只有一个:丢掉工作,失去主业。

我们可以做副业,但前提是理顺主业和副业的关系,找到两者的平衡点。简单来说,我们需要明确主业与副业的主次、轻重,然后根据自己的实际情况安排时间与精力。比如,

第四章 拟订计划，规划自己的副业蓝图

主业的工作时间是固定的，副业需要利用主业之外的时间，我们不能本末倒置，在工作时间做副业或者挤压主业的工作时间。

如果副业耗费了大量的时间和精力，导致你无法专注主业工作，就需要对副业进行调整，或者换一个副业项目。

副业赚钱攻略：

想要主业顺畅、副业赚钱，如何平衡和理顺主业与副业之间的关系呢？

第一，明确自己做副业的目的。想要平衡主业与副业，重点是了解自己做副业的目的。如果只是赚钱贴补家用，那么就需要保持冷静，不要因为副业而让精力偏离自己的主业。

第二，主业和副业应该是主次分明的。我们需要在做好主业的同时兼顾副业的发展，因为从宏观角度看，副业是为主业服务的。同时，主业的特征是收入稳定、工作时间固定，因此，我们需要考虑到主业的发展前景、个人职业规划以及人生规划，明确副业项目的选择依据、时间安排。

第三，即便副业带来的收入比主业多，也不要轻易放弃主业。有些副业是赚快钱的，等到副业不能产生高收入时，我们就只有后悔的心了。

从事副业的时候，或多或少会影响到主业。只有分清主次关系，找到两者的平衡点并做好规划，才是最佳选择。

知识点：

> 规划自己的副业蓝图需要明确两点：主业谋生存，副业谋发展。

第五章

持续行动,副业赚钱的实战指南

不行动,一切都是枉然;不持续行动,目标则很难实现。

对于副业经营者来说,不可失去行动的勇气和积极性,更不能忽视行动的耐心、毅力。选择正确的行动方式并坚持下去,才能引领副业走向成功。

副业赚钱之道

1. 谋而后动,重点在于"动"

副业的持续发展与最终成功,都源于一个不同寻常的想法。就像我们想要创业、完成一件伟大的事业,最初只是一个想法或愿望——我想做亿万富翁,我想建造一座美丽的庄园。这个想法或愿望就是我们对于未来人生的设定,就是我们追求的目标,然后经过计划与行动才能成为现实。

然而,好的想法只是一个人取得成功的前提。如果有了好的想法和计划,却只让它们沉积在意识里,没有落到实处,那么所有的一切都将成为虚有其表的空壳。

一天,我与几个朋友聊天,小魏认为在主业的基础上发展一项副业,可以给职业加一份保险。小魏侃侃而谈:"我觉得制作地图标准是一个不错的副业项目,只需要帮助平台录入一些数据信息,便可拿到佣金。虽然这份副业工作比较烦琐，但是简单易行，而且市场上有很多地图类平台，如高德地图、百度地图、苹果地图、腾讯地图、滴滴地图……"

小魏越说越激动："这只是第一步，若是与跑腿、送货、外卖等平台结合起来，再把探访美食、当地习俗、旅游景点、特色商店整合在一起，一定会有较大的发展空间。"

听着小魏的想法，我觉得这的确是一个很不错的项目，便鼓励他做好副业计划，尽快将这个想法付诸实践。小魏看到自己的想法得到了肯定，就问道："你们谁愿意和我一起做这份副业呢？"

老胡站了起来，说："我也觉得这个项目不错，我和你一起做。你先做出一个详细的计划，我准备资金和交通工具，这周就开始行动吧！"

可是，等老胡筹备好一切，找小魏询问是否做好计划时，他却没有任何行动，还找借口搪塞了过去。几次之后，老胡干脆自己行动了。

老胡重点与商户、门店洽谈合作，同时拍摄探访美食、旅游景点的短视频，为其宣传推广。他的副业慢慢地做了起来，每月都可以得到不少收益。

几个月后，小魏气冲冲地找到老胡，质问道："我们不是说好一起行动的吗？你为什么抛下我一个人干？"

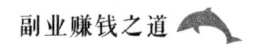

老胡毫不客气地反驳道:"你问问自己,我催了你几次?每次催促你,你都找理由推托,不是说马上就做,就是说今天没有时间。你只说不动,还不允许别人动吗?"

小魏无话可说,只好唉声叹气地走了。

小魏的想法确实不错,但是他只停留在想法上,并没有付诸行动。即便老胡多次催促,他仍没有采取行动。

古人说"谋而后动",重点就在于"动"字上。即便你所选择的副业项目再有前景,即便你的目标再远大,如果不能立即行动,结果都是一场空。

因此,你有发展副业的想法,或者遇到一个很好的发展机会,应当马上行动起来,并且不断地努力再努力。这才是走上副业成功之路的关键。

副业赚钱攻略:

副业经营者如何才能让副业想法真正落地,实现自己的副业目标呢?

第一,不空想,积极做自己想做的事情。有了好的想法、好的计划,就要马上行动起来,不找借口,拒绝懒惰。

第二，不必过度追求稳妥，也不必"万事俱备"才开始行动。 选择副业项目时，我们需要三思而后行，但是过于谨慎小心、追求完美，便会失去机会，丧失行动的勇气。

第三，看到好的副业项目就要立即行动。 项目落地后，行动上力求比别人快一步，比别人多努力一些，让行动为"大好机遇"加持。

第四，在行动中保持专注。 不论是做主业还是副业，都需要专注在当前的事情上，不能三心二意。这样不仅可以提高行动效率，还可以让自己的行动发挥最大价值。

知识点：

> 谋而后动，重点在于"动"字。只有行动，没有计划，经营副业会失去方向；只有计划，没有行动，经营副业连失败的机会都没有了。

2. 在经营副业的道路上保持勇气

主业+副业已经成为一种个人发展趋势，当周围的朋友通过副业赚到额外收入时，你是不是也会产生"我也试一试"的想法？有了一个好想法，也选定了一个适合自己的项目，你却迟疑了：我是否有足够的时间和精力投入副业之中？如果因为发展副业影响到了主业怎么办？没有赚到钱，还赔了时间和精力，又该怎么办？

其实，发展副业与创业的道理是一样的，需要我们保持勇气、敢于挑战。不只是观望、不自我怀疑、不恐惧失败，才能提升副业成功率。

小小是一家公司的办公室文员，工作期间，她努力提升PPT设计技能，时常因为PPT做得出色得到领导夸奖。她还参加了总公司组织的PPT设计比赛，拿到了一等奖，获得一笔不小的奖金。

一天，同事看了小小设计的 PPT 文案后，直言道："小小，你可以发展这份副业了，给人设计、制作 PPT，也许能赚到不少外快呢！"

听了同事的话，小小有些心动，也有些迟疑。她不担心自己的专业技能，只是担心没有时间和精力接单。如果本职工作耽误了副业，完不成任务，该怎么办？如果副业订单花费的时间较多而影响了本职工作，又该怎么办？

小小犹豫了三天，就下定决心开始行动——前怕狼后怕虎的，什么事情都做不成。既然自己有这个技能，为什么不利用它来发展副业，给自己增加一笔收入呢？只要自己能合理安排时间和精力，事情不就迎刃而解了吗？

想到就做到。小小在专业平台开始接一些有关 PPT 设计的订单，利用下班时间、周末来完成。因为她专业技能强，又善于沟通，所以客户越来越多，收入也越来越高。

在发展副业的同时，小小不断拓展其他方面的知识，提高了 PPT 设计新思维，也学会了时间管理和职业规划，这些都为她的主业发展提供了很大帮助。一年后，小小就因出色的工作表现而被提拔，主业与副业双丰收。

在保持和突破之间，人们更习惯于安于现状。即便现状不太如人意，至少它是自己可以掌控的。突破则意味着危险、意味着未知，不一定能带来好的结果，还可能让情况更加糟糕。

对于那些想要发展副业的人来说，他们既不满足于主业给自己带来的收入，又害怕破坏现状、害怕给自己的生活带来不确定性的风险，所以犹犹豫豫，甚至是干脆选择不行动。

事实上，任何想要从事副业的人都不能缺乏勇气。你看小小，如果她只想安分地做好主业，不敢迈出副业这一步，恐怕无法实现主业与副业的双丰收。

所以，你想发展副业，就不要花太多的时间去观望。当然，在发展副业的道路上需要保持勇气，还需要我们具有抗风险的强大心理。

副业赚钱攻略：

如何在发展副业的道路上保持勇气？

第一，打破自我怀疑。一些想做副业却抱有观望态度的人，或是在做副业过程中遇到难题而想要放弃的人，都容易陷入自我怀疑的窠臼。他们会反复问自己：我适合做这份副业吗？我有能力做好这份副业吗？我的选择是否正确？我失败了怎么办？

当陷入自我怀疑又找不到答案时，这些人就容易失去勇气，然后选择放弃。所以，想要发展副业并获得成功，我们必须打破自我怀疑，分析自身能力和副业发展前景，然后寻找成功者的案例来激励自己。

第二， 每天都回顾自己的目标，给予自己积极的心理暗示。没有人不害怕失败，没有人不担心因为发展副业而影响了主业，我们需要的是坚定目标，然后尝试着对自己进行一些积极的心理暗示。

当时，小小是这样进行心理暗示的：我有明确的目标；我对设计PPT足够专业，而且认真负责，非常适合发展这份副业；我已经接了几个单子，客户对我的设计很满意，我没有什么可担心的。

第三，直面恐惧，勇敢去做。战胜恐惧，是人们获得勇气、走向成功的必备条件。即便心中有担心，也要坚持自己的主张，尝试着去做。慢慢地，你就变得勇敢了。

> **知识点：**
>
> 越是缺乏勇气的副业经营者，越需要尽快行动。我们需要拆分目标，降低行动难度，同时规划美好未来，给自己以有效激励。

3. 抓住机会，便是抓住财富

发展副业的机会有很多，我们要仔细观察社会发展趋势、行业发展趋势以及生活细节，从中找到适合自己的副业机会。比如，你本是淘宝店店主，当你发现直播带货火爆之后，便可抓住这个机会发展副业——直播销售店铺产品，为自己带来更多收益。

所以，当别人利用副业赚到钱时，你不要抱怨自己为什么找不到机会、哀叹自己为什么没有那么好运，要用不一样的思维与眼光去看问题，或许就可以捕捉到身边的各种副业机会。

我家孩子在一个在线英语教育平台上学习口语，英语老师 July 的教学水准很高且认真负责，平时总能及时和我沟通孩子的学习成绩、上课状态。

前段时间，我看到 July 老师在微信朋友圈推广课程，包括减肥课程、线上培训课程、口语学习课程等。我好奇地问她，在朋友圈发这些课程是不是在做项目推广？

July 老师表示自己在做分销课程的副业，每销售一门课程可以拿到 15%～20% 的佣金。我又问她，当初她是怎么发现这个商机的。原来，她是从口语课程班的一名学生家长口中得到的信息。这位家长之所以报名参加口语课程，也是看到了同事朋友圈的课程介绍，询问之后才发现那个同事是做分销课程的，发发朋友圈、转发到社群就可以拿到佣金。

July 老师认为这份副业很适合自己，于是了解了课程营销方面的信息后，开始了自己的副业之路。发展副业前，July 老师还自学了如何写课程营销文案、如何发布文章、如何将文章分享给目标消费群体。

虽然 July 老师的副业刚开始，但是她已经取得了很好的

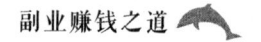

成绩,每月可以拿到几千元佣金。

看到了吧!我们身边隐藏着很多发展副业的机会。很多人之所以未能做成副业,不是没有遇到好机会,而是不善于发现机会、没有细心地寻找机会。

July老师便是从生活的细节中发现了副业机会——分享课程,做企业和客户之间的媒介,从而获得佣金。

所以,如果你想发展副业,不能只是等待,更不能如无头苍蝇般乱撞,需要细心观察、去关注,这样才能得到机会和财富的眷顾。

副业赚钱攻略:

如何才能找到发展副业的好机会呢?我们需要掌握以下方法:

第一,关注时代流行点、社会热点。当某个行业火爆起来,或者某领域出现新鲜事物时,我们需要多加关注,分析它的市场有多大、前景如何,分析自己是否适合做这件事情,在做这件事情上有什么优势。如果认定做这件事情可行,便要抓住这个机会。

第二，关注自己所在领域的发展趋势。行业发展趋势将给我们带来新的机遇，如果我们能发现并抓住这个机会，结合自己的专业优势，便可走出一条适合自己的副业发展之路。

第三，关注人脉——身边的朋友、同事、客户在做什么，是否有好的发展副业的机会。人脉就是资源，就是机会。虽然他们可能不会为我们提供直接的机会，但是可以给我们带来信息、渠道，让我们拥有新思维，找到新的出路。

第四，创新，抓住属于自己的机会。想要做到这一点，需要我们敢于打破思维惯性，跳出原有思维造成的定式状态。

知识点：

> 发展副业的机会很难得，但它不是等来的，而是靠自己发现的。

4. 盲目乐观，便会走错了路

在副业经营过程中，有些副业经营者对自身情况、目标群体、市场形势等分析不到位，犯了盲目乐观的错误。

事实上，不论做什么事，乐观是好事，但是盲目乐观便不是好事了。

盲目乐观容易缺失紧迫感，丧失前进和突破的动力。盲目乐观的副业经营者还更容易满足，取得一些小成绩后便不再继续前进。盲目乐观也会让人过于自信，高估自己的能力，忽视存在的问题与风险。尤其是副业取得一定的成绩后，盲目乐观者便认为自己有做副业的天赋，进而迷失了自己，走上错误的道路。

李霞的经历让我印象深刻。李霞的主业是会计，已经工作了七八年。随着时间的推移，她的职业发展遇到瓶颈，无

第五章 持续行动，副业赚钱的实战指南

论是薪酬还是岗位都很难再有更好的发展。于是，李霞想要发展副业，想起自己曾梦想拥有一家蛋糕烘焙室，便计划着将它付之于实践。

李霞平时喜欢烘焙，也时常给家人烘焙甜点，但是这些手艺不足以开一家蛋糕烘焙室。于是，她先是报名参加烘焙班，进行专业培训与学习，提升烘焙水平；然后确定副业目标，制订副业计划，拿出资金租了门店和购进相关设备；接着，在朋友圈、社群、广场进行线上线下的宣传；最后，蛋糕烘焙室开业了。

3个月的时间，李霞经营烘焙室小有起色，每月收入达到三四千元。李霞非常兴奋，说自己选对了副业，如果自己将全部精力都投到烘焙室上，肯定能取得更大的成功。虽然家人、朋友都劝她谨慎行事，但她还是辞去主业，一心经营着烘焙室。

可是，李霞过于乐观了。在她辞去主业后，烘焙室的业绩并未出现爆发式增长，每月收入依旧维持在四五千元，最高时也没有超过六千元。除去人工、房租、原料等成本，每月的利润并不高。然而，李霞已经辞去了主业，只能苦苦地支撑着。

乐观是一把双刃剑。在困难和挫折面前，乐观能让我们保持激情与动力，战胜眼前的困难和挫折。但是在规划未来时，过度乐观便不可取了。

对于副业经营者来说，在做决策之前最好先分析与复盘，结合自己的能力与市场形势规划副业的发展方向和节奏，规避以后出现不必要的风险。

副业经营者要抱有美好的愿望，同时也要有风险意识，不要把事情想得太简单、太美好。因为现实是残酷的，市场是变幻莫测的，忽视其中的风险便容易一败涂地。

副业经营过程中，人脉、资源、资金都可以成为副业的助力，但是这些具有不确定性。如果你不能确定这些助力一定会发挥作用，就需要保持冷静与理智，切勿过度依赖，也不要盲目决策。

副业赚钱攻略：

副业经营者如何才能避免盲目乐观呢？

第一，不高估自己，也不低估别人。 副业经营者要正视自己的能力和他人的意见，不过度自信，不固执己见；要看到他人的优点，听取他人的意见；相信自己的判断，也能客观地分析他人的意见。

第二，用辩证思维看待问题，不能只看到事情好的一面，也要看到不好的一面。副业经营者要有危机意识，并做到以下三点：一是事先进行理性评估，提前做好副业目标分析，以假设不良结果为前提反向推算，审视决策的合理性；二是借助外界的力量，就是让朋友、家人站在客观角度分析副业项目的利与弊；三是降低对事情的期望，列出可能遭遇的风险、问题、困难，做最坏的打算。

第三，将目光放得长远些，切勿轻易自我满足。目光短浅、格局不大的副业经营者非常容易盲目乐观，做出一些小成绩就自我膨胀，进而做出错误决策。所以，在发展副业取得小成绩时，你要从长远、整体来看问题，有大局观，胸襟开阔一些。

知识点：

> 盲目乐观，失败者众，成功者少。看不清风险，便无法赢得未来。

5. 打定了主意，就需要坚持付出

一旦打定主意要做副业，就要敢于付出决心，而不能抱有类似"反正是副业，我没必要让自己这么累""原来做副业并不简单，我还是放弃吧"的心态。

天下没有免费的午餐，也没有随随便便成功的"发财梦"。想要用副业赚钱，我们必须认真对待副业，并坚持付出、努力真干。

我认识一名游戏主播东子，他在一家公司做项目策划，工作并不轻松，但是因为热爱游戏，便走上了游戏直播的副业道路。

一开始，东子的直播间并没有多少人看，虽然他的心情有些沮丧，但是他并没有气馁，而是积极寻求解决之道。他白天上班，晚上就进入其他游戏主播的直播间，研究对方选

第五章 持续行动，副业赚钱的实战指南

择了什么游戏、运用了哪些直播技巧。他还与一些游戏主播交朋友，请教、探讨如何吸引粉丝，如何让直播间更精彩。

慢慢地，东子的直播间热闹了起来，粉丝越来越多。正因为这样，粉丝不满足于他每天只直播 2 小时，希望能延长时间。

东子并没有认为"这是我的副业，我没有必要付出这么多时间"，而是带着对游戏直播的热爱，抱着"做一件事就要激情满满"的心态，坚持付出着。

于是，东子每天坚持直播 3 小时，还会挤出时间做攻略、找素材，也会花时间与粉丝互动、讨论游戏技巧。虽然他每天的工作都很忙碌，但是他始终坚持着。最后，该游戏直播拥有了上百万粉丝，东子的收入也不菲。

毋庸置疑，不论发展什么副业，持久的付出才能赢得对应的回报。对于副业经营者来说，懒惰、应付以及三分钟热度都是不可取的，也不可能获得成功。

现实生活中，一些副业经营者虽然已经行动了起来，但是时间长了，他们便开始心不在焉，或者因为精力不济而选择放弃。当然，付出并不是盲目的——不论是付出精力、时间还是金钱，我们都需要讲究策略和技巧。

副业赚钱攻略：

坚持付出并不是说到就能做到的。我们在保持对副业热爱的同时，还要想办法让自己持续付诸行动。

第一，有明确的目标。有了具体的目标，如一周内涨粉1000个、一周写3篇文案，可以刺激自己持续行动下去。

目标可以分为小目标、大目标，小目标要有趣、切实可行，大目标要有方向性，让我们看到希望，如此付出才不会觉得那么难。

第二，真正认识自己的优势技能，对感兴趣的副业项目进行辨别。那些不愿意付出的人，看似对某副业项目感兴趣，开始做的时候也是行动力十足，可他们并不真正了解自己，更不知道自己是否真的对这个项目感兴趣。因为抱着试试看的心态，等他一感觉到累便无法再坚持下去了。

第三，明确自己想从副业中得到什么。心理学家告诉我们，通过努力实现目标带来的幸福最持久，幸福感也是最高的。因此，我们开始做副业的时候，应该明确自己想从副业中得到什么，是第二份收入还是满足个人的兴趣爱好，或是实现自我追求进而体现自我价值。

> **知识点：**
>
> 我们坚持付出的好处：有明确的副业发展目标，化解消极情绪，减少意志力的消耗。

6. 合伙机制，寻找默契、互补的合作伙伴

创业需要合伙机制，发展副业也需要合伙机制。它不是一个人闷头苦找项目、找渠道，而是借助朋友圈子、社群圈子的信息分享、经验交流和渠道互通，找到契合自己的项目与机会；它也不是一个人单打独斗，而是和默契、互补的合作伙伴一起做事，从而加快副业发展进度，提高成功概率。

副业经营者需要明白：一个人做事，需要独自承担风险。而和合作伙伴一起奋斗，虽然共享利润，但所有风险也是共担，无形中降低了个人需要承担的风险与成本。

参加朋友婚礼时，我认识了婚礼主持人小马。他长得高大帅气，主持风格幽默风趣，对于婚礼流程把控得非常好，受到宾客们的一致称赞。

闲时聊天，我得知小马和摄影师小李是合作伙伴，两人还是大学同学，参加工作后过着朝九晚五的普通生活。后来，小马看中婚庆市场的潜力，于是计划发展这个方面的副业，因为他有这方面的专长——在大学校园活动中，他经常担当主持工作。

经过几个月的准备，小马开始接到主持婚礼的单子。在这个过程中，他发现一些新人对婚礼摄像不满意，认为他们传统、老套，拍不出好的照片和视频。于是，小马与小李联系，希望他能加入进来。小李很喜欢摄像，大学期间就加入摄影社团，还选修了摄像课程，拍出的照片具有专业水准。

两人一拍即合，开始了合伙的副业之路。小马负责与客户沟通、现场主持，小李负责摄像、修片，至于营销和策划则是相互沟通、共同讨论。

合伙做事，虽然两人有意见不合的时候，但大部分都能给予彼此积极、正向的影响，也能协作解决问题。

目前，小马和小李的副业发展得很顺利，两人还开发了商业活动主持和摄像业务，发展趋向多元化。

小马和小李之所以取得副业成功，是因为他们采取了合伙机制——两人分工明确，各自发挥专长，齐心协力做好一件事情。

其实，在发展副业的过程中，大部分人有这样的困惑：是一个人单干，还是与他人合伙共同发展？

抱有单干想法的人认为副业就是一种兼职，项目简单，人多了利润肯定会减少，一旦成员之间的意见无法统一，也会给副业发展带来阻碍。

这样的想法并非没有道理，如果只是给他人设计PPT、配音这样的简单项目，完全没有必要找合作伙伴。如果你在做直播副业、自媒体副业，业务拓展迅速，内容创作和运营需要多人来支撑，那你就要寻找合作伙伴或者组建团队了，否则副业发展会陷入停滞。

副业赚钱攻略：

如何寻找合作伙伴，让副业有更长远的发展呢？

第一，合作伙伴之间要优势互补。 不管几个人合作、合

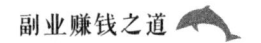

作方式是怎样，伙伴之间都应该做到优势互补，实现 1+1+1 远大于 3 的效果。

第二，伙伴之间的价值观和运营理念保持一致。所谓"道不同，不相为谋"，如果成员之间的价值观、做事风格不同，那么在日常工作中会存在冲突和矛盾，很难互相鼓励、守望相助。

第三，有过硬的专业技能。寻找副业的合作伙伴，不能随便拉一个朋友就让他加入进来。如果这个伙伴不具有过硬的专业素养，那么他就会给你的副业发展之路拖后腿，导致进度缓慢，甚至直接失败。

第四，合作伙伴可以是相同领域、有共同目标的副业经营者。比如，同一平台发布文章的自媒体人、同一社群寻找项目的人，大家既是竞争者，也可以是合作伙伴，进行良性竞争的同时也促进了彼此的成长与进步。

知识点：

> 不论是个人单干还是采取合伙机制，让效率最大化，让副业发展得更稳定、长远，才是副业经营者的正确选择。

7. 管理好时间，引领自己走向自律

为什么一些副业经营者能实现财富自由，而另一些副业经营者却赚不到钱，甚至让生活变得一塌糊涂呢？

简单来说，后者并不懂得如何管理时间，更缺乏自律。他们的副业思维是活跃的，愿意为了发展副业付出精力和时间，但是执行得很糊涂，以至于结果往往不尽如人意。

想要打破失败的魔咒，我们必须自律。做副业和从事主业一样，对自己负责，管理好自己，才能收获更多。

我陪朋友买车时遇到了一名二手车评估师方先生，他表现得非常专业，一整天都陪着我们看车、验车、过户。经过交谈，才知道二手车评估只是方先生的副业。

方先生平时喜欢琢磨各种品牌车的性能及车身的构造、发动机的运行情况等。原本琢磨车只是方先生的一个爱好，

后来因为买房、结婚、生子，他的经济压力越来越大，开始考虑做份副业来赚钱贴补家用。与朋友沟通后，他决定从事与车有关的副业，但开网约车比较辛苦，还会牺牲陪家人的时间，便选中了二手车评估这一副业。

方先生先进行了一定的时间规划——利用3个月的时间，系统地学习汽车的专业知识，考取二手车鉴定评估师资格证书。为实现这个目标，他合理安排每天听课、看书、实践的时间，然后按部就班地去执行。拿到资格证书后，他便利用闲暇时间在二手车交易平台上寻找客户，然后利用周末时间帮客户验车，还陪客户到外地收车、验车、过户等。

方先生善于管理时间，养成了自律的好习惯。他的副业发展得很顺利，不仅没有耽误主业，也没有影响家庭生活。

自律是一个筛子，能有效过滤掉大部分想要通过副业赚钱而不能做好时间管理的人。管理好时间，培养自律性，成为我们发展副业的重要影响因素。

想要做到自律，我们首先需要找到自律驱动力。很多人认为，只要按照计划完成所需要做的事就是自律。其实，这是对自律的误解，也不能让我们真正做到自律。

对于副业经营者来说，每天坚持写作、学习、出摊并不是目的，把副业做好并发展成为事业才是目的。

所以，想要寻找到自律驱动力，我们必须制定目标，直面欲望和诱惑，并将其细化。比如，你想在一年内通过副业赚到10万元，平均每月赚到8000元，为了实现这个目标，就要考虑自己有什么技能、资源，如何利用它们来赚钱。然后列出自律道路上可能出现的诱惑，如游戏、懒惰、拖延等，考虑它们对目标的影响，并努力克服它们。这样去做了，自律便会逐渐增强。

其次，我们需要及时做出反馈，记录自己在副业道路上的每一点进步，看看自己是否走在实现目标的路上，离既定目标还有多远距离；同时也要记录下自己所犯的错误，看看是否有消极情绪。只要能坚持下去，自律就会变成一种习惯，帮助我们持续行动。

副业赚钱攻略：

对于副业经营者来说，工作时间过长，工作量够大，如果只知道瞎忙，那么就会被副业折腾得疲惫不堪，不仅无法赚到钱，还可能耽误主业，得不偿失。

所以，不论做什么副业，我们都需要善于规划、管理和利用时间，让自己做起事来游刃有余、忙而不乱。

具体来说，我们需要做到以下几步：

第一，对时间进行量化管理。量化管理时间的工具有很多，如日志、备忘录、日程表软件、清单软件等，你要把每天需要做的事情列出来，计划好所用时间。

比如，你的副业是礼仪培训师，你就要把课程教案、与对方沟通、上课培训、知识提升等事情列出来，然后将空闲时间分成不同阶段，再对各时间段进行分区、命名、备注，进行细致安排，明确在哪段时间需要做什么，哪件事需要花费多少时间。接下来，你按照计划去执行就可以了。

第二，高效地利用时间，调整做事的方法。每个人的时间和精力都是有限的，想要让每一分钟都发挥出最大价值，我们必须拒绝瞎忙，善于利用四象限法则与二八法则。

四象限法则，就是对事情进行等级划分，将其分为重要且紧迫的事情、重要但不紧迫的事情、不重要但紧迫的事情、不重要且不紧迫的事情。做好分类，按照二八法则分配时间和精力，即用 80% 的时间去做重要的、可以带来高回报的事情，用 20% 的时间去做其他事情。

第三，及时反馈，检视自己。每天完成工作后，我们需要及时反馈和检视，以便发现自己的做事效率是高还是低——

高了就坚持下去，低了就加强反思与检讨。

发现问题后，我们需要根据实际情况调整做事方式，或是优化时间管理方式。这样一来，才能更好地管理和利用时间，走向自律。

知识点：

> 持续行动 = 目标 + 自律。

8. 不断前行，向更高的平台迈进

爬山的时候，你爬得越高，越能看到更远的风景。

同样的道理，在副业这条道路上，你所处的平台越高，所能触及的资源也就越多，视野也会越宽阔，思维越灵活多变；你的竞争意识也会变强，越发容易积极进取，谋求更大的成功；副业回报率也会越高，投入时间、精力、金钱等换来的价值也就越大。

因此，副业经营者需要不断尝试，努力向着更高的平台迈进，而不是为了轻松一些选择"差不多先生"的心态，不想寻求更大的发展空间。

吴晓曾参加过某选秀节目，积累了一定的人气。不过，吴晓的成绩并不算好，早早地就退出了选秀活动，成为一名上班族。作为一名运营人员，吴晓的工作并不轻松，所以他一直有做副业的打算。

吴晓偶然接触到一个创业的圈子，于是在闲鱼上开通数个账号，开始做露营装备代发的副业。恰逢马上要到五一节假日，吴晓又有一些自带流量，所以他的订单非常多，一周的收入有时可达到四五千元。但是他并不满足于此，认为做代发并不是长久之计，自己应该谋求更大的发展空间。

吴晓开始思索着迈向更高的平台。一番考察之后，他转而成为一名时尚博主，主要通过品牌推广、产品试用等方式推广护肤品、旅行装备等，收取广告费用。

在经营副业的过程中，吴晓不断深挖内容、流量和渠道，很快就成为收益不错的KOC（关键意见消费者）。一年后，他又成为KOL（关键意见领袖），每月收入达到几万元。

在经营副业的同时，吴晓又开始寻求其他的发展空间。这一次，他把目光投到实体店铺，因为他认为实体与网络相结合才能走得更远、更长久。经过考察，他与朋友合伙开了一家旅行装备实体店，并负责品牌宣传、客户推广等方面的工作。

吴晓的副业赛道不断扩展，在持续尝试中，他不仅找到了适合自己的副业项目，也让自己迈上更高的台阶。现在，吴晓的尝试与探索还没有停止，相信将来定能有无限可能……

站在高平台上的人，在付出相同的情况下，所能掌控的资源就越多，看到的信息也越广，资本回报率也越高。如果吴晓只是甘心做露营装备的代发，那么不管是成功还是失败，他的努力与汗水都无法换回超大的回报。

副业赚钱攻略：

副业经营者如何才能向着更高的平台迈进呢？

第一，机遇与风险往往是并存的。很多副业经营者拒绝改变、拒绝进步，未必就是因为他们对目前的主业+副业非常满意，只是他们不想冒险而选择保持现状。

第二，切勿贪图安逸。想要进步，就必须牺牲享乐的时间。大多数失败或拒绝迈向更高平台的副业经营者往往有一个共同的问题：贪图安逸。

对于他们来说，今天已经赚了这么多钱，任务就算完成了；我已经开始发展副业了，已经很勤奋了，没有必要让自己更累。正是因为有这样一种心态，副业才会做得不温不火。

第三，规划更宏伟的副业蓝图。抱着小小的理想，是无法制定出更远大的目标的，也无法规划出宏伟的副业蓝图。想要站在更高的台阶上，你必须从认知、思维上做出改变。

知识点：

> 在所付出成本相同的情况下，平台越高，收益越大，副业前景越好。

第六章

学会复盘,提升副业的成功概率

复盘,可以让我们以全新的视角来审视副业发展中存在的问题,让我们以不一样的思维方式来审视自己的行动与心态,总结成功经验或者分析失败原因,为之后的行动指明方向。

对于副业经营者来说,复盘至关重要,能大大提升副业成功率。

1. 做好了计划，也要坚持复盘

想要提升副业成功率，我们需要事先制定目标、做好计划，也需要在出现问题时或是项目结束后进行复盘。

复盘可以让我们发现自己失败的原因，进而在接下来的行动中抛弃错误的思维和做法，延续正确的经营思路。同时，复盘还可以让我们找到新的灵感和思路，继而为副业发展找到新出路。

我认识一名拍摄自家宠物猫的短视频 UP 主苏苏。一开始，苏苏只是记录自家宠物猫的有趣瞬间，后来因为某个宠物视频得到几万点击量而开始以拍摄短视频为副业。因为之前只是拍着玩，对于拍摄角度、拍摄内容、剪辑、配乐等细节并没有关注，所以她的粉丝数量增长不快。

两个月后，苏苏见情况还未好转，于是开始复盘：对点赞量、评论数比较多的短视频进行分析,发现主要是拍摄的宠物猫大多憨态可掬,拍摄地点是在光源较好的阳台、楼下花丛中,整个短视频时长大约在1分钟,配乐大多是近期流行的热门音乐。

复盘之后,苏苏开始精选拍摄内容,抓拍宠物猫游戏、打盹、做蠢事的内容,同时研究拍摄的光源、角度以及视频的剪辑、配乐等问题。她还会观看其他UP主的短视频,学习他人的成功经验。

果然,经过改进,苏苏的短视频拍摄水平提升很大,粉丝量和流量也不断增多。

复盘对于副业发展是非常重要的。很多副业经营者没有经验,只是摸索着做事情,这意味着他们在经营过程中会出现很多问题。所以,在关键时刻复盘,不仅能够让我们及时找出问题、解决问题,还能让我们发现和总结好的经验、科学的规律。

当然,我们可以在出现问题或是某个重要阶段进行复盘,也可以每月、每季度进行一次复盘。在一些重要阶段复盘,比如完成阶段性目标,或是拿到第一笔收入时,可以让我们更好地总结这一时期的经验,如哪些事情做得比较好,哪些

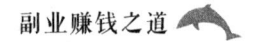

任务没有达到预期效果，等等。

进行复盘时，我们需要记录相关问题，写好反思与分析。

副业赚钱攻略：

经营副业的过程中，我们需要有效复盘，做到小事及时复盘、大事阶段性复盘、结束时全面复盘。那么，如何有效复盘才能让副业经营变得更加顺利呢？

第一，记住复盘的四个步骤，即回顾目标—评估结果—分析原因—总结经验。做好以上四个步骤，我们才能有效地复盘，发现问题、解决问题，进而让副业发展走向正轨。

第二，利用复盘模板，根据PDCA模型进行复盘。其中，P为Plan，即制定目标和行动计划；D为Do，即实现计划所规划的内容；C为Check，是对执行情况进行总结，评判执行的效果；A为改正、调整，是处理所发现的问题，总结成功经验。

第三，利用"照镜子理论"进行复盘。即以自己为镜子来观察自己、了解自己，以他人为镜子让自己更加全面、清晰地认识自己，找到正确的方向。

第四，复盘时保持正确的心态，不回避问题，不自欺欺人；

要有耐心，坚持持续地复盘。

🦌 知识点：

> 副业经营者要想提升业绩，必须多复盘；要确保副业成功，也必须进行正确、有效的复盘，根据复盘总结的经验来调整副业方向和行动。

2. 复盘不可流于形式

一次成功的复盘，可以让副业经营者总结出更多的经营经验，发现之前没有想到的细节和思路，进而在后续实践中调整方向与行动，更好地实现副业目标。因此，复盘时需要正视问题，讲究方法，严格流程。

副业经营者必须忠实地还原事实，以开放的心态分析现状、反思自我，找到未来可以改进的地方，探究出合理的解决方案。否则，复盘有可能流于形式，对副业发展并无帮助。

我认识一位全职宝妈姚女士，她一直致力于发展副业，但是四处踩坑，结果都不理想。姚女士的第一份副业是英语纠音教师，因为她本科学习的是英语专业，对于儿童英语启蒙也比较感兴趣，便加入了某教育平台的纠音教师行列。

加入平台之后，姚女士接到任务，是负责在班级群中纠正孩子们的读音，每天的工资为120元，每个月至少工作20天。这个工作没有挑战性，她并不喜欢，但是为了增加收入不得不继续做下去。

好景不长，受一些因素影响，该平台学员人数骤减，姚女士的任务量减少，收入也随之减少。因此，她做了副业复盘，认为是平台原因才导致自己的副业之路走向失败，她决定重新寻找适合自己的副业。

通过朋友介绍，姚女士加入一个销售少儿网课的平台。该平台的用户可以升级，级别越高，收入和分红也越高。被这一政策吸引，姚女士没有多做思考便加入了，并且通过努力连升几级，有了不错的收入。

然而，付出与收获是成正比的，你想要升到更高的级别，就需要付出大量的时间和精力——需要熬夜准备，需要费心

第六章 学会复盘，提升副业的成功概率

思拉学员。为此，姚女士忽视了孩子和家庭，导致家庭矛盾升级。可想而知，姚女士的副业又失败了。

复盘时，姚女士认为副业失败并非个人的能力问题，而是副业经营和家庭生活产生了冲突，再做副业时必须考虑时间成本。

可见，姚女士的复盘存在问题，她并没有掌握正确的复盘方法，也没有按照合理的步骤复盘。所以，她的复盘流于形式，不够深刻，无法产生好的结果。

我们强调过，复盘需要做好四个步骤，即回顾目标—评估结果—分析原因—总结经验。

具体来说，回顾目标时，我们需要列出以下问题和答案：目标是什么？什么时候实现目标？目标设定合理吗？衡量目标实现的指标有哪些？

梳理副业现状，评估副业经营结果时，需要列出以下问题以及答案：各项指标完成情况如何？你给自己打多少分？有哪些未预计的结果出现？有哪些预计的结果未出现？你希望在哪方面得到提高？

回顾事前、事中、事后全流程，分析和反思成功或失败的关键原因时，需要列出以下问题以及答案：结果和目标的

差距有多大？哪里做得好，好在哪里？哪些做得不好，需要在哪些方面改进？如何避免出现类似的情况？哪个行动、节点导致了后续的失败？

总结经验时，需要列出以下问题以及答案：我获得了哪些知识、经验、资源？我遇到了哪些困难、问题？对于这次副业，有什么新认识？未来的方向在哪里？

按照步骤进行深刻的复盘，副业经营者才能重新确定副业方向，优化副业经营效果，使得自己的副业之路更好走。

副业赚钱攻略：

副业经营者进行复盘时，需要注意哪些事项？如何做才能让复盘促进副业更好地发展？

第一，保持冷静、客观、实事求是的态度，以开放的心态、批判性思维进行复盘。 复盘时，多问几个为什么，学会转变思维。

第二，坚持"先僵化后优化"的原则。 即先严格按照复盘步骤进行，然后根据自己的实际情况进行取舍。

第三，持续地反思和复盘，形成定期复盘＋持续复盘的模式。 形成习惯后，我们才能学习得更多，提升得更快。

第四，复盘时要舍得花时间。不要只花费几分钟进行回顾与总结，每次最好要 30 分钟以上，这样才能发现更多的问题，总结出更多的经验，获得更多的收益。

第五，复盘后要与行动相结合。即在后续经营中去验证、去应用，好的就使用，不好的就调整。

🦌 知识点：

> 有效的复盘，离不开科学的复盘方法和正确开放的态度，两者缺一不可。

3. 遇到瓶颈，最该做的是打破自我怀疑

当副业经营者经过长时间努力却无法获得收益，或者遇到瓶颈无法突破时，很可能会陷入自我怀疑之中。他们会不停地问自己：我是否适合发展副业？我的坚持能否获得成功？

假如我现在放弃,是不是损失会小一些?

此时,副业经营者会慢慢失去信心、动力和勇气。如果不能打破自我怀疑,不能走出"负面气场",那么他最终会彻底放弃副业。如果副业经营者能打破自我怀疑,重新获得信心和动力,找到解决问题和突破瓶颈的关键,便会扭转形势,副业迎来曙光。

我看过一个采访节目,受访对象是一名小有成绩的商人。商人说:"我小时候的梦想是做一名有威信的商人,因为我外公年轻时就有一家自己的工厂……"

可惜的是,他在中学时期的成绩并不好。父母见孩子没有上大学的希望,便让他进工厂工作。进了工厂以后,他跟着师傅学钳工,每天咬着牙学技术,很快手上长满了血泡,后来又变成厚茧。

他成为一名普通工人,每天和工友们在工作之余抽烟喝酒。可是,他并不甘心,不想这样庸庸碌碌地过一辈子。他想过辞职,可是他不知道辞职之后自己又能做什么。

经过一段时间的思考,他决定报名补习班,参加成人高考。接下来,他白天工作,晚上熬夜看书,之后终于成功"上岸",被心仪的大学录取。有了文凭之后,他成为一名业务员,

第六章 学会复盘，提升副业的成功概率

并且越做越好。不过，他依旧没有满足，而是顺应时代趋势，计划着利用社交电商来发展一份副业。

他做业务时积累了不少人脉，再加上熟人介绍，他便选中京东云小店作为电商平台，销售自己熟悉且有渠道的商品。

云小店开业之后，他通过微信群、朋友圈等方式分享产品，还设计了一些购买享折扣和分享有返利等奖励机制。一开始，小店经营还算顺利，也获得了一些收益。可慢慢地，他发现小店的业绩增长并不理想，收益额甚至在逐渐减少。虽然他想了很多方法，但是效果并不明显。

时间长了，他产生了自我怀疑，不停地问自己："我是不是不适合做电商模式？""我是不是只能老老实实地做一名业务员？""要不我干脆放弃吧！"

幸运的是，他在深思熟虑之后打破了自我怀疑，有了继续走下去的勇气。他是这样做的：他积极找专业人士咨询，研究成功者的经验，分析自己经营中的问题，及时调整营销策略，细化会员管理，提升用户和产品的匹配度……

最终，他获得了成功。

张爱玲说过："在人生的路上，有一条路每个人非走不可，那就是年轻时候的弯路。不摔跟头，不碰壁，不碰个头

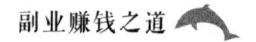

破血流,怎能练出钢筋铁骨,怎能长大呢?"

对于副业经营者来说,谁都会遇到一些瓶颈,谁都有自我怀疑的时候。只要能打破自我怀疑,让自己咬着牙继续坚持下去,找到合适的方法,便会迎来峰回路转。

副业赚钱攻略:

如何打破自我怀疑?如何突破副业发展中的瓶颈呢?

第一,发现问题,开启良性循环。想要解决问题,首先要发现问题是怎样产生的。同样,想要打破自我怀疑,需要弄明白我们在怀疑什么,找出负面情绪(不自信、没动力)产生的源头,才能用积极的方法解决问题。

第二,发现并肯定自我价值。每个人都具有内在的、无条件的价值,这些内在价值不会因为外在因素增加或减少。当我们对副业发展或者自我行为有不好的感受时,马上评价和判断自己的行为,而不是谴责和否定自我,这样便不容易自我怀疑。

第三,提高技能和专业。寻找同行业的成功者,向其请教成功经验;或者学习相关行业课程,提升自己的认知与专业知识。当你丰富了专业知识,对于副业项目有了充分了解,便不会再轻易地自我怀疑。

第四，不要为不能突破瓶颈而自责，也不要因为缺乏动力而感到愤怒。当出现自我怀疑的征兆时，要表现出积极的情绪，进行建设性思考；同时夸奖自己的小进步，让自己恢复行动的动力，拥有打破瓶颈的激情与自信。

知识点：

> 遇到瓶颈，最应该做的是打破自我怀疑。这就需要找到负面情绪出现的源头，然后用积极的方法去解决问题。

4.放长线，才能持续地赚到钱

如今，自媒体、直播等领域发展迅速，我们经常看到某某网红在短时间内获得巨额红利，仿佛实现财富自由是一件非常轻松的事情。

我认识的很多朋友都想通过做自媒体赚钱，这些人懂得流量的价值，抱着博流量、赚眼球的心态写文章、发短视频，时时刻刻想着逆袭和暴富。

没错，自媒体是一个很有潜力的副业，但关键在于，如果你内心浮躁，忘了好好打磨自己，忘了踏踏实实地做事，很难靠运气实现目标；如果你急于求成而选择了错误的做事方式，甚至企图"走捷径"，很可能会害了自己。

李阳的副业是在微信、百家号、头条号等平台上发布一些情感类文章，粉丝不多，流量也不多。一段时间后，李阳有些坐不住了，每天都在想办法获取流量并利用流量变现。

通过研究一些成功案例，李阳采取了"蹭流量"方式——对于近期发生的热点娱乐新闻、社会热点事件进行解读和分析。他非常认真用心，查阅资料、搜集信息、理性解读，而且揣摩和学习其他大 IP 的爆款文章。

正因为如此，李阳写的好几篇文章的质量和反响都非常不错，达到几万点击量，也让他获得了不少打赏。

按理说，李阳若是坚持下去，肯定能不断得到提升和突破，使得副业发展有更好的前景。可惜，他吃到甜头之后心

◆ 第六章 学会复盘，提升副业的成功概率

态变得浮躁了，一门心思想要火爆起来。接下来，他开始从一些吸睛信息下手，利用标题党、胡编乱造等手段制造和传播"独家"信息；对于社会热点事件，不求证、不核实，反而歪曲解读，迎合一些人的看热闹心理；为了博人眼球，炒作和传播那些明知道是虚假的信息……

最后，李阳被人投诉、账号被封，副业之路彻底走到了尽头。

不论发展什么类型的副业，我们都不能奢望自己在短时间成为"横空出世的黑马"，比如：通过几篇文章就成为大IP，拍摄几个短视频就能收获上千万点赞，写篇网文小说就能火爆全网，被无数出版社、电视制片人看中。

即便有人真的做到了，他们也不是真的靠运气。在成功之前，他们肯定一直在努力做着准备，然后在合适的时机厚积薄发。

因此，如果你在发展副业的道路上遇到了困难，或者刚刚起步就失败了，不妨复盘一下，仔细审视自己是否短视了、浮躁了、是否真正静下心来做事、是否需要提升自己。

副业赚钱攻略：

想在副业这条路上持续赚钱，实现财富倍增的目标，就要有"放长线，钓大鱼"的心态，做好自己的事情，其他的交给时间来证明。

那么，如何培养"放长线"的心态，在副业这条道路上持续赚钱呢？

第一，不要只看眼前，也不要只想着赚快钱。 从事副业之前制定长期目标，培养长远目光，然后安下心来做应该做的事情，其他的交给时间来证明。

第二，不断挑战自己，勇敢做想做的事情。 通过自身努力来激发内在潜能，让自己的心态向外延伸进入新的状态，抛弃错误的思维。

第三，设立奖惩机制，督促自己不断坚持。 副业经营者可以让朋友或亲人监督自己，并设立好奖惩机制。比如，完成一个目标时，给予自己购买一件心仪礼物的奖励，或者给自己放假一天；没有完成既定目标，惩罚自己取消休假，或扣除奖金。有了奖惩机制，就有了动力。

● 第六章　学会复盘，提升副业的成功概率

🦌 知识点：

> 总想着一夜暴富，不如"放长线，钓大鱼"。就是树立远大目标，并把目光放长远，真正做到积累和沉淀，才是副业经营者最应该有的品质。

5. "斜杠青年"该怎么做

什么是"斜杠青年"？简单来说，就是身上有两个以上的标签，每个标签都代表一种能被他人辨识有技能优势的人。这个技能达到了专业水平，或者能给自身带来价值或经济效益。

对于发展副业的"斜杠青年"来说，主业要稳定，同时副业能够联动主业，或者能利用兴趣爱好、已有资源发展多种身份或从事多项工作，实现收入的多元化。

然而，并非所有人都适合做"斜杠青年"。如果未做好自我评估，只是凭借一腔热血去闯，不仅无法真正有所收获，还可能得不偿失。

维维是某培训机构的一名普通职员，了解了"斜杠青年"这个名词，并在网络上看到很多"斜杠青年"成功转型的案例后，她便开始跃跃欲试起来，希望自己也能像他们一样成为"斜杠青年"，不断体现自我价值，同时获得不菲的收入。

经过一番思考，维维开始发展线上培训、拍短视频的副业，希望能成为拥有普通职员＋线上培训师＋短视频UP主三种身份的"斜杠青年"。

为了提升自身的能力，维维参加了线上培训、短视频拍摄相关课程，并利用工作之余学习写作、策划，到各网站、贴吧、社群发布线上培训信息，积极寻找拍摄视频的素材，之后拍视频、发布视频……

没过多久，维维就被弄得筋疲力尽，因为她要做的事情太多了，很多事情也没有做好：线上培训业务毫无进展，一个订单都没有拿到；短视频拍得一塌糊涂，每个视频只有几十个点赞量，账号只收获了不到100名粉丝。最重要的是，因为精力被过度消耗，她无法做好本职工作。

第六章 学会复盘，提升副业的成功概率

我们身边不乏"斜杠青年"，他们一边做着本职工作，一边做着喜欢的副业，而且产生了"1+1>2"的效果。

事实上，"斜杠青年"并没有那么好当，想要成为"斜杠青年"，最好是让主业和副业联动，同时在主业领域成为专家，让斜杠成为主业的延伸。

显然，维维不适合做"斜杠青年"，因为她对主业并不具有专长，副业与主业也没有太大联动。同时，她并未对自己进行全面和正确的评估，没有考虑自己是否有足够的实力、时间和精力来平衡多种身份之间的关系、是否能做好多个项目涉及的各项琐碎工作。

"斜杠青年"需要热爱所从事的主业，成为主业领域的佼佼者，然后在主业之外发展第二个、第三个职业，持续探索自我价值的可能性。比如，著名作家吴晓波拥有多重身份——作家、商人、学者，他热爱写作，也取得了出色的成绩。于是在这个前提下，他体验创业、调研，合理分配做这些事情的时间与精力。

所以，"斜杠青年"固然好，但前提是我们需要有足够的实力，明确知道如何做才能成为真正的"斜杠青年"。

副业赚钱攻略：

对于副业经营者来说，如何才能成为真正的"斜杠青年"，并让自己身上的标签更耀眼呢？

第一， 在某个领域或行业已是专家级或是有足够的竞争力，其他标签是自身某些技能的延伸。

做"斜杠青年"之前，我们需要分析自己有什么技能、兴趣，合理地评估自己的优势与劣势，不要什么身份和标签都想要，也不要急于做多个副业项目。

如果主业只是达到了普通水平，那么就要先做减法，将更多的时间和精力放在主业上，等到有所积累和达到一定水平后再根据自己的兴趣、技能做进一步延伸。

第二， 合理安排时间，知道自己的界限。

即便你有实力发展多种副业，但也需要考虑自己的时间和精力。分配到每项工作上的时间和精力不足以支撑你将这个事情做到极致，不足以保证你有强大的执行力，那么就要选择放弃，要集中时间和精力做最有价值的事情。

第三， 放下身段，稳定心态。

摆脱对"主业做不好，副业不好做"固有模式的依赖，培养开放思维，进而成为自己想要成为的人。

🦌 知识点：

> 对于想发展副业的"斜杠青年"来说，主业要稳定，要足够有竞争力，之后在能力范围内进一步挑战自己，在兴趣或技能方面做进一步延伸。
>
> 同时，我们需要明确自己的界限，做好每一个选择，走好每一步。

6. 校正方向，不适合的就干脆放弃

对于初次发展副业的人来说，遇到不适合的副业项目，或者经营副业所需的时间成本太高，是一件非常平常的事情。

一般来说，遇到这种情况，选择放弃或适时调整方向是很多人的选择。当然，放弃不是一件容易的事情，完全放弃

之前的努力并承认自己失败了，需要勇气与决心。

如果明知道副业项目不适合自己，或者付出的时间成本太高，再坚持下去导致失去的要比得到的多，却仍不选择放弃或校正方向，结果恐怕只有一个：失败。

著名心理学教授亚科斯和布拉默做过一个实验：他们说服 10 名实验对象购买了密歇根滑雪之旅的门票，每张票价为 100 美元。之后，他们告诉实验对象，威斯康星滑雪之旅更好玩，性价比更高，票价为 50 美元，并说服实验对象又购买了后者。一段时间后，他们通知实验对象，说两张票的时间重合了，只能选择一处。结果，大部分人选择了前者，即便他们已经被告知后者更好玩。

事后，两位教授采访了实验对象，并询问他们做出这一选择的缘由。大多数人的理由是一致的：如果选择 100 美元的旅程，会损失 50 美元；如果选择 50 美元的旅程，那么就会损失 100 美元。

因此，心理学教授得出这样的结论：面对收益和损失，损失往往更加令人难以忍受。

在经营副业这条道路上，我们时常看到"不言败""坚持到底"的人。他们坚定自己有激情,即便复盘时发现了问题,即便副业发展已经举步维艰,仍不选择放弃。

的确,在这些人身上,我们看到了一种坚持。然而,发展副业不是一味地盲目坚持,这对于成功没有帮助,反而会让人的心态出现失衡。

说到底,很多时候,人们并不是完全不知道自己的处境,也不是不明白什么样的决定才是最好的——但是,因为损失令人难以接受,所以不甘心放弃,不愿意承认自己的失败,所以总想着再努力一下、再搏一把,或许就有了出路。

不论发展什么副业,我们都需要明白"坚持"的真正样子:确定好目标以后,下一步便是实现自己的目标;遇到问题,必须停下来复盘,考虑遇到的危机究竟是什么,自己是否有能力解决;若是发现副业真的不适合自己,就一定要果断地放弃,校正方向后重新出发。

副业赚钱攻略:

副业经营者在复盘中发现副业不适合自己时,如何校正方向呢?

第一,反思目标。让目标对照实际结果,看实际结果与目标之间的差距。注意,目标一定要在行动之前设定好,且要清晰、明确,符合实际情况。

第二,再现过程。回顾从开展副业到现阶段的过程,可以将其分为若干小阶段,思考每个阶段遇到的问题,以及自己是如何解决这些问题的。

第三,分析得失。分析整个过程中在哪些地方做得好,哪些地方做得不好;分析副业不适合自己的原因是什么,究竟是哪里遇到了瓶颈。同时,加强反思,总结共性问题,提升认知,知道再遇到类似问题时应该怎样做。

第四,修正目标和计划,确定正确的副业方向。根据总结出的问题和经验,重新制定目标,明确副业方向。

知识点:

> 发现副业出现了问题,在复盘后应该做到:反思目标—再现过程—分析得失—修正目标。方向对了,努力才能有结果;方向错误,再努力也达不到目的地。

第七章
小心掉入副业的"深坑陷阱"

副业经营过程中隐藏着诸多看见或看不见的陷阱,它会让我们的副业偏离方向,可能导致副业失败,甚至给我们的生活、人生带来不良影响。因此,我们要提高警惕,谨慎小心,避免掉入陷阱。

1. 别人能赚到钱，你未必也能赚到钱

现在，越来越多的人计划或正开展着一项副业，认为主业 + 副业是最佳的生活状态。对于年轻人来说，发展副业是好事，但是我们需要明白：副业中也有很多陷阱，盲目跟风不仅赚不到钱，反而会让自己赔得一塌糊涂。

比如，看到别人配音、直播赚了钱，便开始购买设备，报名参加培训课程，签约提供订单的"专业"运作公司，你很可能会成为"被割的韭菜"；看到别人在社交媒体上发布文章、发布链接就可以推广某些产品，轻松享受社交电商的红利，于是你也一股脑地把精力和金钱投入进去，但很可能一无所获。

我的一位朋友小贾是某幼儿园的生活教师，工作不算忙碌，周末和寒暑假有大量的时间。于是，她心生发展副业的

第七章 小心掉入副业的"深坑陷阱"

念头。因为她的口才和销售能力都不错,以前做过一段时间的微商,销售的是眼贴产品。

最近,小贾听说不露脸直播很是流行,由公司提供产品,主播每天直播1~2个小时就可以了,赚到的利润五五分成。最重要的是,与直播公司签约后只需缴纳3000元培训费,每天直播2小时,销售额就能达到两三万元——算下来,主播可以拿到4000元左右的利润分成。

考察之后,小贾也与该直播公司签了约,缴纳了培训费,购买了高配置的手机、笔记本以及音乐播放设备、补光灯等,培训结束后开始做起了主播。起初,她的产品卖得还不错,在公司的指导下又开了几个小号,养粉丝、引流量,最多的一天销售额达到8000元。

可是好景不长,两个月后的某天,小贾因为产品违规被平台拖走了下单专用的"小黄车"。接着,其他小号的小黄车也陆续被拖走,账户中的钱也被冻结。

小贾立即向直播公司反映,她才知道这不是偶然现象,大部分同事的小黄车都被拖走过,需要花钱"赎回来"。但其他同事的直播时间长、直播间粉丝多、每天销售额较大,赎回小黄车是"稳赚不赔的买卖"。

小贾就不一样了,直播时间短、销售额少且直播经验不足,容易违规,赎回小黄车之后也未必能赚到钱。

就这样,小贾陷入了两难境地:继续直播需要再投入,但是未必能回本;不继续直播,之前购买的手机、笔记本、音乐播放设备等都将成为摆设,培训费也打了水漂,账号里的收入也无法提取出来。

其实,小贾就是掉入了副业的陷阱,即盲目跟风。她认为直播有红利,自己头脑一热就盲从,投入了金钱和精力不说,还没有拿到应得的分成。

很显然,小贾签约的直播公司并不正规,所卖产品也不合规,且有赚取主播培训费的嫌疑。因此,大家在寻找副业机会时千万不要相信"别人能赚钱,我也能赚钱"的理论。

一个项目能赚钱,很可能是经营者足够专业、进入时间够早且抓住了时机。如果你没有搞清楚就贸然进入,或者等项目已经成为"夕阳产物"后再进入,怎么可能赚到钱呢?

更何况,有些项目本来就是一些商家用来"收割韭菜"的。比如,对方故意渲染"项目好,盈利快""零基础也能月入过万""新手可以7天入门,公司马上给发单子"等好处,就是为了让你跟风所谓的"好项目"。你一旦行动,就掉入了陷阱之中。

第七章 小心掉入副业的"深坑陷阱"

🦌 副业赚钱攻略：

盲目跟风创业或者投资，最常见的就是炒股。

当我们看到某只股票持续上涨，购买的人越来越多时便无法冷静下来，头脑发热就跟了风。这样很容易产生两种结果：一是投资者增加，导致投资机会顿时减少，市场上会出现大量抛售，股价急剧下跌，以至于跟风者被套牢；二是庄家有意抬高股价，营造出虚假繁荣的现象，然后等到大量散客入场时，收割那些对于股市只想盲目跟风捞快钱的人。

因此，我劝告那些新入场的小白，不论选择什么项目和模式，都需要做到以下两点：

第一，保持头脑冷静，时刻谨慎小心。在发展副业前，要思考一下：自己的目的是什么，有哪些优势和专长？这个项目的发展前景如何，是否合法合规？这个项目是否与自己的能力、资源相匹配？

第二，如果发展副业是为了获得更多收入来降低生活压力，不妨先做好未来规划，充分了解副业项目的可行性以及行业发展前景。如果发现项目不可行，或者有一些"坑"，我们就需要果断放弃，及时止损。

> 知识点：
>
> 发展副业时，我们要认真选择项目，需要做到两点：一是从项目出发；二是从自身出发。

2. 天上掉馅饼？小心"网赚"变"网赔"

巴菲特有一句名言："不要做安全边际之外的事情。"这就是在告诫我们，不要妄想天上能掉馅饼，不要为了所谓的巨大收益忘记安全，把自己所有的钱都投入进去。

有些做副业的人心态不好、思维不对，总想着一夜暴富，从一开始就寻找那些能赚快钱的副业，看到有人宣传某个副业项目"零门槛，月入过万""只需有手机，每天收入上千元"，便急于投入时间和金钱。结果，这些副业经营者掉入了别人事先编织好的陷阱，本想着"网赚"却成了"网赔"。

第七章 小心掉入副业的"深坑陷阱"

我认识一名在企业做文员工作的年轻妈妈武女士，因为主业收入少，她便想发展一项副业赚点钱来贴补家用。她在某平台上看到有声演播的兼职招聘，主要工作是给一些音频平台录有声小说、配音等。在这些招聘信息中，她看到了"只要有网络，学完就能月入上万元""培训之后，每日能赚300元，你还不心动吗？"等信息。

武女士立即就心动了，认为自己工作清闲，又有一些播音主持的基础，非常适合做这份副业。于是，她花了5000元报名费，参加配音、剪辑、后期制作等方面的培训。

可是等武女士开始做之后，她发现真正能通过培训把有声演播做起来的人实在太少了。一是，虽然对方宣传"零门槛""只需培训，一个月便可上手"，可配音、剪辑、制作课件都需要足够强的专业技能才能做精；二是，报名参加培训班的人并不少，竞争就比较大；三是，公司派单有限，新手想要获得流量和收入需要长时间坚持。正是因为如此，武女士未能坚持下来，白白交了培训费。

后来，武女士又看到朋友圈中有人靠手机刷单赚到了钱，每天只要刷够60单就可以，但前提是自己先充值再提成。她也想跟着做，却遭到了丈夫的反对，说这些所谓的刷单都是骗人的。

武女士并不理会丈夫的劝告，瞒着丈夫充了值。第一天，她只用1小时就轻松赚到了200元，第二天又赚到了300元，第三天400元……抱着更高的期待，她往账号充值了5万元，算是把全部家当都投了进去。

但问题出现了，武女士眼看着离60单还差几单，但是剩下单子的金额越来越大，她便开始向朋友借钱。朋友听说后，说这是一种骗局，她无法正常得到报酬，平台也不会把钱返还给她。这时她才发现自己受了骗，但悔不当初已经晚了。

武女士想要发展副业、赚钱贴补家用的迫切心情是可以理解的，但是这种妄想天上掉馅饼的想法是万万不可取的。即便天上能掉下馅饼，你怎么保证自己就能成为那个幸运者呢？

所以，想要发展副业的年轻人应该明白：那些看似没有成本、能赚快钱的副业，可能就是有人为了"割韭菜"而设下的陷阱。

我们需要对自己、社会和人性有深刻的认知，放平心态、提升技能，找到自己愿意做并适合自己的副业坚持下去，这样一来才能在副业中获得收益。

第七章 小心掉入副业的"深坑陷阱"

🦌 副业赚钱攻略：

想要利用副业赚钱，我们要有想法，也要有正确的价值观、财富观以及心态。那么，在发展副业之前，我们需要注意哪些问题呢？

第一，千万不要过于浮躁。看到别人靠副业赚了钱，自己就心生羡慕而跃跃欲试，忽视了自我能力。这个世界是公平的，你只有不断学习、成长和积累，才能实现副业变现。

第二，千万不要被所谓的"轻松赚大钱"所诱惑，做出冲动的事情。知道所谓的"馅饼"是陷阱后一定要悬崖勒马，学会克制自己，及时收手，而不是抱着"赌一把""要把输的都赢回来"的心态，否则只能输得更多。

第三，做副业之前一定要有心理准备，明白自己会花费多少时间和精力，弄清楚自己做副业是想赚钱还是出于兴趣。如果想赚钱，需要尽可能地在主业的基础上发展副业，提升个人的知识和技能储备，有计划、稳健地去行动。

第四，考察副业信息的真实性，提高分辨能力。没有人愿意把赚钱的秘诀白白告知他人，也没有人能通过一个小小的信息、一个简单的产品便获得大量财富。

> 知识点：

> 天上掉下的"馅饼"绝大多数是陷阱，谁想得到这个馅饼，谁就容易陷入深深的陷阱。

3. 透支人脉，会让副业变"负业"

创业者很欣赏这样一句话：成就事业，人脉很重要。副业经营者也喜欢这样一句话：扩大社交圈子，赢得发展副业的机会与资源。这里说的人脉和社交圈子，包括父母、亲戚、朋友、同事、师长、同学、合作伙伴，甚至是对门的邻居。

人脉和社交圈子对于副业发展非常重要，尤其是社交电商、网络销售等副业项目有了两者的加持，发展将会更顺利，成功率也会大大提升。然而，很多副业经营者会掉入"人脉陷阱"，不是过度依赖人脉就是过度透支人脉，导致副业发

第七章 小心掉入副业的"深坑陷阱"

展困难重重，甚至以失败告终。

宝妈胡女士的孩子一周岁了，她决定辞职在家专职照看孩子。为了分担家庭经济压力，她就想着发展一份副业来赚取一些零用钱贴补家用。

一开始，胡女士准备做微商，但是考虑到网上关于微商骗局的消息满天飞，便放弃了。经过考察，胡女士打定主意做社群电商，主要销售日用品、母婴用品。

胡女士信心满满地做起来，但真正上手之后，才发现社群销售并不是那么好做的。因为她的微信群、QQ群等平台的群组和群成员比较少，所以她寻求亲人、朋友、前同事等人脉的帮助，希望他们能在渠道帮助自己宣传和引流一下。

大家知道宝妈的不易，非常愿意帮忙，毕竟只是举手之劳罢了。不仅如此，他们还主动找她购买相关产品，又介绍他人前来购买。

胡女士当时还感到不好意思，可是吃到"甜头"后便有了新想法：做社群销售就是利用人脉和圈子，为什么我不最大限度地利用自己的人脉呢？于是，她每天都给亲人、朋友发信息，要求他们每天早、中、晚三个时间段都帮助自己发朋友群，也希望他们从自己这里购买产品，而不是去超市、逛淘宝等。她积极与能联系到的前同事、同学联系，即便是多年未联系的人也不放过；在小区中找邻居搭讪，让人家加自己的微信，然后每天发送关于产品的广告链接……

看到胡女士如此"疯狂"，一些关系比较好的亲人、朋友便劝她差不多就行了，丈夫也多次提醒她这样会适得其反，然而她不以为然。最后，很多亲人、朋友屏蔽了她的微信，一些同事、同学也将她拉黑……胡女士的副业失败了。

其实，近些年来类似胡女士的案例非常多，很多想依靠副业赚钱的年轻人掉入了人脉陷阱。

没错，副业经营离不开人脉和社交圈子，但人脉不是可以任意挥霍的。一旦过度透支了人脉，即便是最亲近的朋友也会带来不良影响，直接导致副业之路越走越窄。

经营副业的过程中，我们可以利用人脉和社交圈子进行宣传推广，但凡事都有一个度，不断发广告链接给朋友，必然使自己的人脉逐渐消亡。同时，如果副业经营者对产品还不是十分了解，或是明知产品有问题却推荐给亲人、朋友等，那么便会迅速毁掉彼此之间的信任。

因此，副业经营者可以利用人脉创造价值，但是切勿透支和滥用。

第七章 小心掉入副业的"深坑陷阱"

🦌 副业赚钱攻略：

关于人脉和社交圈子，副业经营者该如何正确对待？又该如何经营和维护呢？

第一，那些靠聚会结交的朋友并不能成为你经营副业的助力，也不会给你带来多少财富。 因此，副业经营者要重视人脉的价值，但是不能到处逢迎、结交，否则只能让自己陷入窘境。

第二，没有人能成为你的靠山，不要将副业经营寄托在所谓的人脉上。 要知道，副业成功的前提是个人努力，人脉只是助力而已。弄反个人努力和人脉帮助的关系，希望别人帮助自己获得成功，这一希望最后只能落空。

第三，要遵循等价交换的原则。 想要让人脉发挥最大效用，你也必须拥有等量价值。当你能为别人提供更大价值时，你的身边才能聚集更多有效的人脉资源。

第四，可以利用人脉，但是不能透支人脉。 没有人会无条件、无节度地帮助你，即便再好的关系，如果人情被透支了，也只能导致关系破裂。

> 知识点：

> 副业成功需要有良好的人脉平台，但是透支人脉将会让你失去更多。

4."副业焦虑"心态不可有

副业焦虑，是指对自己的主业收入不满意或担心未来的不确定性，想从事副业增加收入或实现自我价值的心理状态。副业焦虑可能导致一些年轻人急于发展副业，最后盲目地选择不适合自己的副业。一旦在发展副业过程中遇到问题或困难，他们便会更加不安和焦虑。

简单来说，那些在职场辛苦打拼的年轻人意识到主业并没有那么稳定，只靠主业收入很难抗住生活危机或迎来美好的未来。于是，他们便想着靠副业来"开源"。

第七章 小心掉入副业的"深坑陷阱"

后浪研究所发布的《2023年轻人副业报告》显示,武汉、东莞、宁波、北京、长沙等大中型城市的年轻人都热衷于发展副业。其中,武汉年轻人的副业率高达56.5%,北京年轻人的副业率为52.81%;教育从业者、建筑从业者、传媒广告从业者成为发展副业的主力军,副业率分别达到55.56%、54.76%、49.34%。发展副业的人越来越多,很多年轻人便产生了"副业焦虑"。

杜鹏的主业收入不错,但是非常辛苦,时常会加班到凌晨。几年下来,他对主业的热情逐渐淡化,也知道若是自己不提升专业技能,便会在公司的发展中被边缘化。因此,他开始考察副业项目,谋求其他出路。

一开始,杜鹏想朝着写作副业的方向发展,给公众号投稿,或者写小说发表在文学网站上。为了提升写作水平,他还专门报名参加了写作培训班,每天利用空闲时间学习、写作、投稿。结果,大部分投稿都石沉大海,所写作小说的浏览量也寥寥无几。没过多久,他就进入倦怠期,放弃了写作副业这条路。

接着,杜鹏又尝试做游戏主播,直播新款游戏和进行游戏讲解。同样,由于不懂得游戏直播的相关知识,也不能保证每天都坚持直播，对于这个尝试，他也失败了。

有一阵子塔罗牌风靡网络，杜鹏又做起了运势与情感咨询业务。这一次，他先报名参加了一次体验课，花几百元购买了视频课程。学会相关知识后，他先在贴吧、朋友圈等渠道进行免费咨询，然后在闲鱼、淘宝等平台上接单。几天时间，他接了十几单，也赚到一些钱。可是，订单量增长并不快，发帖还有被下架的风险，他又放弃了这一副业。

再后来，杜鹏还做过短视频副业、配音副业以及社交电商副业……他尝试过大部分副业模式，又很快放弃了。如此一来，杜鹏更加焦虑，不知道自己的未来在哪里，不知道是否还能继续发展副业。

很明显，杜鹏存在副业焦虑，因为他对主业有了倦怠感，又担心未来的不确定性而急于发展副业，想要谋求安心。然而，发展副业之前，他并没有根据自我实际情况以及各副业的发展前景选择适合自己的，而是盲目行动。每一份副业，他都是浅尝一下便放弃，然后再盲从地选择下一个，再轻易放弃。如此反复，导致他的焦虑感越发严重。

第七章 小心掉入副业的"深坑陷阱"

🦌 副业赚钱攻略：

我们可以产生通过发展副业来改善经济条件或者谋求好的未来的想法，但是要摆正心态，千万不可出现副业焦虑的情绪。那么，如何才能避免副业焦虑呢？

第一，做副业之前，我们需要树立正确的副业观，核心是主业稳定再去做副业。 如果主业还处于水深火热之中就开始发展副业，结果就是主业做不好，副业也不会赚到钱。

第二，进行详细、准确的自我评估与市场调查。 不论是主业还是副业，都需要我们认真对待，付出足够的时间和精力才能有收获。我们要充分认识自己，发挥个人潜力与能动性，了解行业发展前景。

第三，副业不是刚需，不要认为没有副业就要落人之后。 我们不要美化副业，认为只要发展副业就可以赚到钱。要正确看待副业的价值，摒弃对于副业的执念。

> 知识点：

> 避免副业焦虑＝树立正确副业观＋进行正确自我评价＋抛弃对副业的执念。

5. 你不必用健康和生活换收入

副业不像兼职那样随意，它需要副业经营者能持续地去做，投入成比例的时间和精力。

然而，人生不是百米赛道，而是一场马拉松。不论是发展主业还是副业，能将其做好的前提是要有健康的身体。为了赚取更多的收入，为了所谓的"副业事业"，牺牲身体健康、打乱正常的生活，实在是得不偿失。

想要把副业做好，除了投入大量的时间和精力，还需要平衡副业与身体健康、生活、娱乐之间的关系。看看那些商

第七章 小心掉入副业的"深坑陷阱"

业上的大佬，看看那些副业成功者，哪一个是用健康和生活来换取高收入的呢？

前段时间，听说表弟小东生病住院，我和家人立即买好慰问品前去探望。聊天之后才知道，小东是劳累过度导致心脏病急性发作，而且是与发展副业有关。

小东精通一门小语种外语，从事的是线上教育副业。一开始，他只是拿副业当兼职赚一些收入来提升生活质量，闲暇之余还会外出旅行、钓鱼。可一旦做起副业来，他便投入大量时间和精力，每天下班后除了上课，还需要做PPT课件、熟悉上网课的软件，有时熬夜到凌晨两三点。

小东讲的课质量好，学生满意度高，平台希望他能增加一个课时。虽然这份副业的收入增加了，但这真的是辛苦钱——下班后，他简单吃点饭就开始忙碌起来，周末没有休息时间，也没有时间和朋友社交，更别提旅行了。

前段时间，小东感觉身体疲惫，主业的工作效率也有所降低。于是，他想着忙完这个暑假便减少副业工作量，好好地休息一下，没想到因为长期工作劳累而突发疾病。

他感慨地说："我发展副业是为了好好生活，到自己梦想的地方旅行。没想到，这不仅丢掉了原本快乐的生活，还

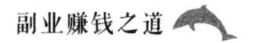

损害了健康。要记住,千万不要用健康和生活来换收入,这太不划算了!"

没错,我们发展副业是为了提高生活质量,如果透支身体健康来换取收入,为了做副业而失去生活乐趣(包括没有时间社交和陪伴家人),那么是不是背离了我们的初衷呢?

很显然,小东的做法就是陷入了发展副业的极端:用健康和生活来换取收入。这是副业经营者必须杜绝的。

从可持续发展的角度来说,副业所投入的时间应当是主业的30%,不能超过50%,同时也应与休息、生活的时间相平衡。

副业赚钱攻略:

想找到一份既赚钱又可持续的副业,并不是一件容易的事。那么,我们该如何避免用身体健康和生活来换取收入呢?

第一,考虑成本和价值的问题。思考牺牲休息时间、社交时间的成本,它们能给我们带来哪些价值,又会让我们失去哪些东西。比如,副业的价值等于两个月的薪酬,成本是下班后失去娱乐、健身、部分社交等,价值是大于成本的,我们可以坚持下去。如果成本除了以上这些，还有身体健康、全部社交、家庭和睦、生活质量，那就得不偿失了。

第二，合理分配时间和精力，避免内耗。副业经营者要把爱好变成副业，同时具备做副业的技能，合理分配时间与精力；当感觉副业影响到了健康和生活，要及时调整工作时间。一旦陷入自我内耗，我们不仅会失去休息时间和生活乐趣，还会失去探索副业的动力，让副业成为一种负累。

第三，整体规划与自身能力的平衡。发展副业时，我们要先做好未来规划，充分了解自己对副业的需求，以及副业项目、行业发展的前景；还要保持平和心态，不急功近利、不焦虑，保证副业可持续发展。

第四，树立健康复利思维。发展副业时不仅要投入大量的时间和精力，还需要具备应对未知风险的意识，确保以健康的身体支撑自己走完副业经营之路。

知识点：

> 发展副业不是一场冲刺，而是一次长跑。身体健康是本钱，更好生活是前提。

6. 这些兼职不能碰，否则后果很严重

前面，我们讲了产品不合格和签约公司不正规的副业、天上掉馅饼的副业以及伤害身体健康的副业是不能碰的，一旦副业经营者只顾赚钱而忽视其中的风险与问题，便容易掉入陷阱之中。

当然，除了以上这些，对于网络平台和身边的各种兼职信息，我们也要擦亮眼睛、认真分辨。如果不能分辨真假，极有可能人财两空。

邻居家的孩子小周是一名大二学生，家里条件一般，放假时他一般在肯德基、必胜客等场所做兼职来赚取一些生活费。后来，他在网络上寻找兼职信息时加入了一个大学生兼职群，其中一个成员又把他拉入一个刷单群，该成员是群主，负责分派刷单任务。

第七章 小心掉入副业的"深坑陷阱"

小周了解到，该兼职任务是在各大购物网站、直播平台上刷单，每单佣金为 8 元，收货后给予好评还会得到 7 元的奖励。这样一来，每天只要刷 5 单便可拿到 75 元，每月可以轻松赚到 2000 多元，还不耽误学业。

抱着试试看的想法，小周第一天刷了 5 单，支付了 300 元购物款。群主说为了防止购物网站的反刷单机制，需要在两天后才能确认收货。小周照做了，果然在第三天收到返还的垫付款和刷单收入，共计 375 元。

小周很高兴，便决定放开手脚做下去，接着又刷了几单，每次支付一两百元。几天后，群主说商品的价格越高，佣金就越高。于是，他又刷了 5 单，支付了 1500 元。

然而，当小周确认收货后，群主却表示订单异常，理由是平台检测出有刷单嫌疑，交易被冻结，需要缴纳 1000 元保证金才能解冻。

小周没多想，按照群主的指示缴纳了保证金。群主表示正在申请解冻，需要 7 个工作日才能有结果。如果要加急，还需再缴纳 500 元。

这时，小周才意识到不对劲，在同学的提醒下觉得自己可能被骗了。当小周提出疑问时，群主便把他拉黑了。

很显然，小周遇到了刷单骗局。一开始，对方会给兼职者一些甜头，返还他所垫付的资金，并按时支付佣金和奖金。一旦兼职者对对方产生了信任而增加资金投入，对方就会巧立名目让兼职者支付更多的钱财，直到兼职者无法再支付或者意识到被骗后，便直接拉黑删除兼职者。

简单来说，这种方式就是以佣金＋奖金为诱饵，骗取兼职者垫付的商品费用，少则一两千元，多则几万元。因此，想要兼职或发展副业的人一定要提高警惕，远离网络刷单行为，以及其他理由需要垫资的兼职。

年轻人还要远离那些承诺高薪却毫无技术含量的兼职，如打字员、点赞员等需要交押金或各种费用的兼职，以及买卖或出租实名认证的电话卡、银行卡、网络账号等兼职。这些看似没有什么问题，但可能被不法分子用来进行违法犯罪活动。

另外，不正规公司发布的"刷脸"转账兼职、模特兼职、挂机赚钱兼职、代客体验兼职、"薅羊毛"兼职……这些都是不能碰的，轻则损失金钱，重则触犯法律。

第七章 小心掉入副业的"深坑陷阱"

副业赚钱攻略:

寻找兼职时非常容易踩坑,我们不能被诱惑蒙蔽双眼,避免掉入陷阱。那么,年轻人如何寻找安全可靠的兼职呢?

第一,找与自己专业、职业相关的兼职。这样不仅能给自己带来收入,对于未来职业的发展还有所帮助。

第二,通过正规渠道寻找兼职。不要轻易进入兼职群,也不要轻易相信陌生人的推荐或广告。

第三,思想要充电,心态要端正。增强法律意识和自我保护意识,避免被不法分子欺骗而成为"帮凶"。

第四,兼职前问清楚任务标准、结算方式。忽略了任务标准和任务完成难度,很可能被多派发任务,或者设置诸多有难度的门槛,然后以此为借口不发报酬、少发报酬。

知识点:

> 寻找兼职时,我们需要记住三点:一是不贪心;二是提高警惕,增强法律意识;三是通过正规渠道。

7. "再肥的差"也需要规避法律风险

当你踌躇满志地准备开始一份副业时，还有一个问题需要考虑：这份副业是否具有法律风险？

不论该副业项目如何有前景、能赚钱，一旦具有法律风险，我们必须立即停止行动，以免产生法律纠纷给自己招来麻烦。

许超在一家企业担任高级工程师，主业收入不低，未来发展前景也非常好。可是许超并不满足现状，看到身边的朋友都开始发展副业，他也跃跃欲试，并很快找到一个副业项目——分析人工智能方面的专业信息，为客户提供分析报告和建设性建议。

任务发布者是一家专注于创投和研析的机构，合作对象主要是各领域的专家和学者。因为许超读博期间主攻的就是

第七章 小心掉入副业的"深坑陷阱"

人工智能,且主业与机械设计、人工智能有很大的关系,所以该机构非常欣赏许超,很快与他达成了合作关系。

许超为其进行信息分析时,通常会结合国内、业内以及合作单位的数据,力求分析得准确与专业。正因如此,许超拿到了丰厚的报酬,双方合作越来越密切。

随着双方合作的逐渐深入,对方希望许超能提供所在城市其他领域的专业性信息,甚至涉及了一些安全数据。

许超感到有点儿不对劲,但是并没有多想,收集好信息后准备与对方进行交易。谁知,他等来的不是收益,而是当地国安部门的调查。原来,这家机构涉嫌与一个境外组织联系,利用所谓的信息分析、数据调查获取我国技术、安全等方面的信息。虽然许超的行为并非主观意向,但是已经构成了非法提供情报罪。

原本想靠副业赚取收入、拓宽人生发展空间,没想到却触犯了法律,毁掉了自己的未来,许超可谓是得不偿失。

事实上,一些军事爱好者、旅行爱好者、某领域专业人员很容易被有心人利用。因为缺乏法律意识和安全意识,他们认为分享一些军事常识、拍几张风景照片、提供一些信息与数据并没有什么大不了的,自己只是利用爱好发展副业来

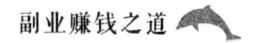

赚取一些收入罢了。

然而，那些"很肥的差"极可能是骗局，是陷阱。副业经营者一心想要赚钱、提升自我价值，却不懂得规避法律风险，到最后都会后悔莫及。

因此，当遇到一个远高于市场均价的"肥差"时，我们先不要兴奋，更不要急于行动，而是要思考它是否会带来法律风险。

副业赚钱攻略：

副业经营者需要规避哪些法律风险呢？

第一，违法犯罪，触碰"法律红线"。一些副业经营者为了获得高额收益而从事一些灰色产业，如色情视频拍摄或传播、贩卖盗版电子书资源或其他版权素材等；有意从事违法之事，如充当网络水军对某些人进行网曝、明知是网络诈骗却参与其中。副业经营者若是不洁身自好，便会碰触到"法律红线"。

第二，违反劳动合同中"不可兼职"的条款。发展副业之前，你要做的第一件事就是看看自己与公司签订的劳动合同和规章制度，看其是否存在"未经许可，禁止在其他经济实体兼职"的规定。副业经营者明知公司不允许在外兼职，却偷偷干起来，如果给公司带来一些不良影响和经济损失，将面临解除劳动合同和经济赔偿的后果。

第三，**副业经营者发展副业，尤其是在外成立工作室、开设公司时，一定要看副业项目是否与主业存在竞争关系，是否违反了竞业限制协议或者保密协议**。如果副业与主业公司形成竞争关系，经营范围与主业公司重合，或者副业经营者有意无意利用职务之便发展副业，为个人谋私利，给公司造成了一定的损失，便需要承担法律责任，甚至还可能涉嫌职务侵占罪。

知识点：

> 想要发展好副业，一定要增强法律意识，规避好法律风险。法律风险主要包括以下几方面：一是违反《中华人民共和国劳动合同法》；二是涉嫌泄露公司商业机密，或违反竞业限制协议；三是触碰"法律红线"，构成违法犯罪。